Tommy Piemonte

Emissionszertifikatehandel:

Analyse aus Perspektive der Umweltökonomik, der internationalen Klimapolitik und des Finanzmarktes

Diplomica® Verlag GmbH

Piemonte, Tommy: Emissionszertifikatehandel: Analyse aus Perspektive der Umweltökonomik, der internationalen Klimapolitik und des Finanzmarktes, Hamburg, Diplomica Verlag GmbH 2010

ISBN: 978-3-8366-9278-6
Druck: Diplomica® Verlag GmbH, Hamburg, 2010

Bibliografische Information der Deutschen Nationalbibliothek:
Die Deutsche Nationalbibliothek verzeichnet diese Publikation in der Deutschen Nationalbibliografie; detaillierte bibliografische Daten sind im Internet über http://dnb.d-nb.de abrufbar.

Die digitale Ausgabe (eBook-Ausgabe) dieses Titels trägt die ISBN 978-3-8366-4278-1 und kann über den Handel oder den Verlag bezogen werden.

Dieses Werk ist urheberrechtlich geschützt. Die dadurch begründeten Rechte, insbesondere die der Übersetzung, des Nachdrucks, des Vortrags, der Entnahme von Abbildungen und Tabellen, der Funksendung, der Mikroverfilmung oder der Vervielfältigung auf anderen Wegen und der Speicherung in Datenverarbeitungsanlagen, bleiben, auch bei nur auszugsweiser Verwertung, vorbehalten. Eine Vervielfältigung dieses Werkes oder von Teilen dieses Werkes ist auch im Einzelfall nur in den Grenzen der gesetzlichen Bestimmungen des Urheberrechtsgesetzes der Bundesrepublik Deutschland in der jeweils geltenden Fassung zulässig. Sie ist grundsätzlich vergütungspflichtig. Zuwiderhandlungen unterliegen den Strafbestimmungen des Urheberrechtes.

Die Wiedergabe von Gebrauchsnamen, Handelsnamen, Warenbezeichnungen usw. in diesem Werk berechtigt auch ohne besondere Kennzeichnung nicht zu der Annahme, dass solche Namen im Sinne der Warenzeichen- und Markenschutz-Gesetzgebung als frei zu betrachten wären und daher von jedermann benutzt werden dürften.

Die Informationen in diesem Werk wurden mit Sorgfalt erarbeitet. Dennoch können Fehler nicht vollständig ausgeschlossen werden, und der Diplomica Verlag, die Autoren oder Übersetzer übernehmen keine juristische Verantwortung oder irgendeine Haftung für evtl. verbliebene fehlerhafte Angaben und deren Folgen.

© Diplomica Verlag GmbH
http://www.diplomica-verlag.de, Hamburg 2010
Printed in Germany

„Tantummodo incepto opus est, cetera res expediet."
(Es bedarf nur eines Anfangs, das Übrige wird sich erledigen.)

Gaius Sallustius Crispus
(86 v. Chr. bis 35 v. Chr.)

Inhaltsverzeichnis

Tabellen- und Abbildungsverzeichnis IV

Symbol- und Abkürzungsverzeichnis V

1 Einleitung 1

2 Treibhauseffekt und Marktversagen als Begründung für die Notwendigkeit von Klimaschutzpolitik 3

2.1 Treibhauseffekt 3
2.2 Marktversagen 7

3 Emissionszertifikatehandel als Instrument der Klimaschutzpolitik 12

3.1 Internalisierung externer Effekte durch umweltökonomische Instrumente 12
3.1.1 Eine Preislösung - Das Pigou-Modell 18
3.1.2 Eine Verhandlungslösung - Das Coase-Theorem 22
3.2 Ausgestaltung des Emissionshandels 30
3.3 Hauptkritikpunkte am Emissionshandel 37
3.3.1 Gefahr von Wettbewerbsverzerrung und Carbon Leakage 37
3.3.2 Tatsächliche Emissionsreduktion ist fraglich 40

4 Internationale Klimaschutzpolitik ... 44

4.1 Die UN-Klimarahmenkonvention ... 44
4.2 Das Kyoto-Protokoll ... 45
4.2.1 Reduktionsziele ... 45
4.2.2 Flexible Mechanismen zur Zielerreichung ... 47
4.3 Weltweite Emissionshandelssysteme ... 52

5 Das Emissionshandelssystem der Europäischen Union ... 56

5.1 Rechtliche Rahmenbedingungen ... 56
5.2 Teilnehmerkreis und Ausgestaltung des Emissionshandels auf Anlagenebene ... 61
5.3 Allokation der Emissionsrechte - Primärmarkt ... 65
5.4 Handel mit Emissionszertifikaten - Sekundärmarkt ... 68
5.4.1 Emissionshandelsregister ... 68
5.4.2 Übersicht über die Marktsegmente und handelbaren Emissionszertifikate ... 71
5.4.3 Handelsformen, -produkte und Akteure des Emissionshandels ... 76
5.5 Banking und Borrowing von Emissionszertifikaten ... 83
5.6 Emissionsüberwachung und Sanktionsmaßnahmen ... 86

6 Fazit ... 89

Anhang ... 92

Anhang 1: Ratifikation der Klimarahmenkonvention ... 93

Anhang 2: Ratifikation des Kyoto-Protokolls ... 100

Anhang 3: Annex I-Staaten ... 108

Anhang 4: Annex II-Staaten ... 109

Anhang 5: Annex A ... 110

Anhang 6: Annex B-Staaten und deren Reduktionsziele ... 112

Anhang 7: EU-Emissionshandelsrichtlinie ... 113

Anhang 8: Exkurs - Kapitalanlagemöglichkeiten in einer neuentstandenen Anlageklasse ... 128

Literaturverzeichnis ... 134
Stichwortverzeichnis ... 139

Tabellen- und Abbildungsverzeichnis

Tabelle 1:	Bedeutende Treibhausgase im Vergleich............................	4
Tabelle 2:	Wichtige Rahmenbedingungen des Emissionshandels.............	30
Tabelle 3:	Emissionsminderungsziele für EU-15 nach dem Burden Sharing Agreement..	59
Tabelle 4:	Handel- und Anrechenbarkeit von Emissionszertifikaten............	73
Tabelle 5:	Übersicht der projektbasierten Handelsaktivitäten....................	76
Tabelle 6:	Kalkulation zur Vermeidung einer Unterdeckung mit Emissionszertifikaten..	87

Abbildung 1:	Güterarten..	6
Abbildung 2:	Wirkung von negativen externen Effekten..................................	11
Abbildung 3:	Wirkung von Auflagenpolitik..	15
Abbildung 4:	Berücksichtigung der individuellen Grenzvermeidungskosten bei Auflagenpolitik..	17
Abbildung 5:	Internalisierung von negativen Externalitäten im Pigou-Modell.....	19
Abbildung 6:	Die Pigou-Steuer als Lenkungssteuer....................................	20
Abbildung 7:	Internalisierung von negativen Externalitäten nach dem Coase-Theorem..	23
Abbildung 8:	Wirkungsweise: Preismethode vs. Mengenmethode..................	24
Abbildung 9:	Kosteneffiziente Internalisierung externer Effekte durch den Handel mit Emissionsrechten	28
Abbildung 10:	Baseline and Credit-System..	36
Abbildung 11:	Leakage-Effekt durch Emissionshandel..................................	42
Abbildung 12:	Zusammenhang der flexiblen Mechanismen...........................	51
Abbildung 13:	Marktsegmente des Emissionshandels..................................	75
Abbildung 14:	Akteure im Emissionszertifikatemarkt....................................	83

Symbol- und Abkürzungsverzeichnis

Δ	Delta (mathematisch)

AAU	Assigned Amount Unit
CDM	Clean Development Mechanism
CER	Certified Emission Reduction
CH_4	Methan
CITL	Community Independent Transaction Log
CO_2	Kohlenstoffdioxid (im normalen Sprachgebrauch auch Kohlendioxid)
CO_2-Äqui	CO_2-Äquivalente
CPR	Commitment Period Reserve
DEHST	Deutsche Emissionshandelsstelle
E	Emissionsmenge
ECX	European Climate Exchange
EE	Externe Effekte
EH	Emissionshandel bzw. Emissionszertifikatehandel
EH-RL	EU-Emissionshandelsrichtlinie
ERs	Emission Reductions
ERU	Emission Reduction Unit
ETC	Exchange Traded Commodity
EUA	EU-Berechtigung bzw. EU-Allowance
EU-ETS	EU-Emissionshandelssystem bzw. EU-Emission Trading System
FKW/PFC	Perfluorierte Kohlenwasserstoffe
FM-EUA	Force-Major-Emissionsberechtigung
gCER	garantierter CER
GK	Grenzkosten
GVK	Grenzvermeidungskosten
H-FKW/HFC	teilhalogenierte Fluorkohlenwasserstoffe
IPCC	Intergovernmental Panel on Climate Change
ITL	International Transaction Log
JI	Joint Implementation
KKW	Steinkohlekraftwerk
KP	Kyoto-Protokoll
lCER	longterm Certified Emission Reduction
LD	Linking Directive
N_2O	Distickstoffoxid
NAP	Nationaler Allokationsplan
NEE	Negative externe Effekte
NO_x	Stickstoffoxide
NSW-GGAS	Greenhouse Gas Abatement Scheme
OTC	Over-The-Counter Handel

pCER	CER auf dem CDM primary market
ppm	Partikel pro Millionen (entspricht einem Massenanteil von 0,0001%)
RGGI	Regional Greenhouse Gas Initiative
RMU	Removal Unit
sCER	CER auf dem CDM secondary market
SF_6	Schwefelhexafluorid
SO_2	Schwefeldioxid
t CO_2-Äqui	eine Tonne CO_2-Äquivalent
tCER	temporary Certified Emission Reduction
TEHG	Treibhausgasemissionshandelsgesetz
THG	Treibhausgas(e)
Un	Unternehmen
UNFCCC	Klimarahmenkonvention
US-CCX	Emissionshandelssystem der Chicago Climate Exchange
VER	Verified Emission Reductions

1 Einleitung

Es gibt wenige Themen, die in den letzten Jahren so omnipräsent waren wie der Klimawandel. Und dies ist auch nicht verwunderlich, denn die dramatischen Auswirkungen der Klimaveränderung sind nicht nur durch die Arbeitsgruppe I des Intergovernmental Panel on Climate Change (IPCC) in ihrem vierten Sachstandsbericht von 2007 nachgewiesen worden, sondern auch für jeden spürbar. So ist es heute wissenschaftlich erwiesen, dass die veränderten Temperaturen beispielsweise das Abschmelzen der Gletscher und Eiskappen verursachen, für veränderte Niederschlagsmengen sorgen und „...bei Aspekten von extremen Wetterereignissen wie Trockenheit, Starkniederschlägen, Hitzewellen und der Intensität von tropischen Wirbelstürmen" eine bedeutende Rolle spielen (IPCC 2007: 7). Die durch extreme Wetterereignisse hervorgerufenen volkswirtschaftlichen Schäden beliefen sich im Jahr 2007 auf circa 64 Milliarden US-Dollar und forderten mehr als 15.000 Menschenleben. Unter Wissenschaftlern herrscht heute fast einstimmig die Überzeugung, dass eine der Hauptursachen für die globale Erwärmung die vom Menschen verursachte Zunahme der Treibhausgaskonzentration ist, die den sogenannten Treibhauseffekt verstärkt (IPCC 2007: 10; Janssen 2006: 2; Münchner Rück 2008: 45).

Die Notwendigkeit zum Handeln ist mittlerweile nicht mehr alleine von Umweltorganisationen erkannt worden, sondern auch die internationale Staatengemeinschaft hat sich auf Maßnahmen zur Einschränkung bzw. Reduktion von Treibhausgasemissionen geeinigt. In diesem Zusammenhang werden als eines der Hauptinstrumente die, im internationalen Klimaschutzabkommen von Kyoto vereinbarten, sogenannten "flexiblen Mechanismen" eingesetzt. Die marktwirtschaftliche Konzeption dieser Instrumente erlaubt es, Möglichkeiten der Emissionsreduktion zu nutzen, die der jeweiligen Situation der Staaten angepasst ist. Eine herausragende Rolle bei der Erreichung der festgelegten Treibhausgasminderungsziele spielt der flexible Mechanismus des "internationalen Emissionsrechtehandels". Dabei werden festgelegte Reduktionsziele sowohl effektiv als auch effizient erreicht. Aber bereits vor Inkrafttreten des internationalen Klimaschutzabkommens wurde in der Europäischen Union, Anfang 2005, ein Emissionshandelssystem für Kohlenstoffdioxid (CO_2) eingeführt. Dieses Emissionshandelssystem stellt, gemessen am Umsatz der gehandelten CO_2-Mengen, weltweit das bedeutendste seiner Art dar (World Bank 2008: 7; Janssen 2006: 3 ff.).

Ziel dieser Studie ist es zum Einen, dem ökonomisch interessierten Leser die umweltökonomischen Hintergründe der Klimaproblematik aufzuzeigen und die zur Verfügung stehenden umweltpolitischen Instrumente zu deren Lösung zu vergleichen. In diesem Zusammenhang soll die Funktionsweise des Emissionszertifikatehandels bzw. Emissionshandels (EH) theoretisch erläutert und sollen dessen Hauptkritikpunkte untersucht werden. Zum Anderen wird ein Überblick über die internationalen Klimaschutzbemühungen gegeben, um das EU-Emissionshandelssystem in seiner Praxisrelevanz einordnen zu können. Dabei sollen die zentralen Ausgestaltungsmerkmale dieses Handelssystems bekannt werden. Das sich ergebende Gesamtbild soll dazu befähigen die Komplexität des EH in Theorie und Praxis zu überschauen und einen Eindruck über die damit verbundenen Chancen und Probleme zu erhalten.

Hierzu werden eingangs die für die weitere Untersuchung relevanten naturwissenschaftlichen Hintergrundinformationen zum Treibhauseffekt gegeben. Daran anknüpfend folgt die Analyse der Klimaproblematik aus umweltökonomischer Perspektive. Anschließend werden in Kapitel 3 die zur Lösung des beschriebenen Problems zur Verfügung stehenden umweltpolitischen Instrumente miteinander verglichen. Dabei wird die Wirkungsweise des Emissionshandels unter wissenschaftlich-theoretischen Aspekten analysiert und werden die in der öffentlichen Diskussion bedeutendsten Kritikpunkte betrachtet. In Kapitel 4 werden die maßgeblichen internationalen Klimaabkommen, ihre Beschlüsse und Instrumente zum Klimaschutz vorgestellt. Darauf aufbauend werden die wichtigsten internationalen Emissionshandelssysteme präsentiert. Anschließend wird in Kapitel 5 die praktische Ausgestaltung des Emissionshandel am Beispiel des EU-Emissionshandelssystems untersucht. Dabei wird intensiv auf den Handelsprozess, als Kern des EH, eingegangen. In diesem Zusammenhang werden die technischen und regulatorischen Gegebenheiten und das Marktumfeld betrachtet. Zusätzlich wird in einem Exkurs ein Einblick in die durch den Emissionshandel neu entstandenen Kapitalanlagemöglichkeiten gegeben.

Zur Bearbeitung des Themas werden umweltökonomisch-theoretische und praxisnahe Überlegungen und Daten herangezogen. Dabei wird für den Bereich der Kapitalanlagemöglichkeiten das Know-How der Investmentfondsmanagements der Aquila Capital Concepts GmbH und der KlimaINVEST Management GmbH genutzt.

2 Treibhauseffekt und Marktversagen als Begründung für die Notwendigkeit von Klimaschutzpolitik

2.1 Treibhauseffekt

Mittlerweile sind sich die führenden Klimawissenschaftler sicher, dass der sogenannte Treibhauseffekt für den seit Jahren zu beobachtenden Klimawandel bzw. Temperaturanstieg verantwortlich ist[1]. Der durch Treibhausgase[2] (THG) in der Atmosphäre bewirkte Treibhauseffekt ist aber per se nicht klimaschädlich. Ganz im Gegenteil, denn ohne den natürlich existierenden Treibhauseffekt würde eine mittlere globale Oberflächentemperatur von circa -18 °C auf der Erde herrschen. Denn Treibhausgase reflektieren einen bedeutenden Teil der von der Erde ausgestrahlten Wärme und führen so zu einem Temperaturanstieg. Das eigentliche durch den Treibhauseffekt verursachte Klimaproblem entsteht allerdings durch den dramatischen Anstieg der Konzentration der Treibhausgase seit dem Beginn der Industrialisierung[3]. Diese durch Menschen verursachte (anthropogene) Zunahme von THG-Emissionen verstärkt den natürlichen Treibhauseffekt in dem Maße, dass es zu einem zusätzlichen Temperaturanstieg, mit dramatischen Folgen kommt (John / Rübbelke 2005: 18 f.; Erdmann / Zweifel 2008: 346 ff.).

Es gibt verschiedene Treibhausgase, die sich unter anderem nach Konzentration und Verweildauer in der Atmosphäre unterscheiden lassen. Vor allem das bei der Verbrennung von fossilen Energieträgern freigesetzte Treibhausgas Kohlenstoffdioxid gilt als Hauptverantwortlicher für den weltweiten Temperaturanstieg. Um eine einheitliche Basis für Messungen und Vergleiche bezüglich des Effekts von THG auf die Erderwärmung zu schaffen, hat es sich international eingebürgert, die Treibhausgase über ihr Erwärmungspotential in CO_2-Äquivalente[4] (CO_2-Äqui) umzurechnen (John / Rübbelke 2005: 18 f.; Erdmann / Zweifel 2008: 346 ff.).

---

[1] Eine eingehendere naturwissenschaftliche Darstellung des Treibhauseffektes, die Beweisführung des Zusammenhangs mit dem Klimawandel und dessen Folgen sind nicht Bestandteil dieses Buches. Siehe hierzu unter anderem IPCC 2007: 2 ff.; Schneider 2005: 12 ff..

[2] Wasserdampf (H_2O), Kohlendioxid (CO_2), Methan (CH_4), Distickstoffoxid (N_2O), teilhalogenierte Fluorkohlenwasserstoffe (H-FKW/HFC), perfluorierte Kohlenwasserstoffe (P-FKW/PFC), Fluor-Chlor-Kohlenwasserstoffe (FCKW), Fluor-Kohlenwasserstoffe (FKW), Schwefelhexafluorid (SF_6) und Ozon (O_3) (Lueg 2007: 1).

[3] So hat beispielsweise seit der Industrialisierung, die Konzentration von CO_2 in der Atmosphäre um circa 30 Prozent, die von Methan (CH_4) um etwa 120 Prozent und die von Distickstoffoxid (N_2O), um ungefähr 10 Prozent zugenommen (John / Rübbelke 2005: 19).

[4] Im Folgenden werden alle Treibhausgase als CO_2-Äquivalente angegeben.

Die nachfolgende Tabelle verdeutlicht, im Vergleich zu anderen bedeutenden Treibhausgasen, die hervorstechende Stellung von Kohlendioxid bezüglich seines Anteils am Treibhauseffekt:

Treibhausgas	Konzentration heute (ppm)	Kohlendioxid-Äquivalente (ppm) (100 Jahre)*	Anteil am Treibhauseffekt (100 Jahre)*
Kohlendioxid (CO_2)	380	380	61 %
Methan (CH_4)	1,8	26,3	15 %
FCKW	0,0009	14,3	11 %
Ozon (O_3)	0,015-0,05	18,9	9 %
Lachgas (N_2O)	0,3	8,5	4 %

* Temperatureffekt über eine Zeitspanne von 100 Jahren zugrunde gelegt.
  Ohne Berücksichtigung von Wasserdampf.
Tabelle 1: Bedeutende Treibhausgase im Vergleich
Quelle: In Anlehnung an Sinn 2008: 30

THG-Emissionen im Allgemeinen und CO_2-Emissionen im Speziellen lassen sich anhand dreier Merkmale ihrer Entstehung und Wirkung von anderen atmosphärischen Emissionen unterscheiden (Erdmann / Zweifel 2008: 347 f.; Sinn 2008: 25):

- Im Gegensatz zu lokal wirkenden Schadstoff-Emissionen ist der Ort der THG-Entstehung nicht von Belang für den Ort der Schädigung; d.h. sie entfalten eine globale umweltbelastende Wirkung.
- Ein Großteil der Folgen durch die anthropogenen CO_2-Emissionen wird wahrscheinlich erst in den kommenden Jahrzehnten eintreten und damit die zukünftigen Generationen stärker belasten als die existierende Generation. Andere atmosphärische Emissionen können in ihrer Wirkung unmittelbar sein.
- Aus physikalischer Sicht ist Wasserdampf das bedeutendste THG. Trotzdem spielen CO_2-Emissionen bei der Bekämpfung der Klimaproblematik eine entscheidendere Rolle. Denn die Emissionen von Kohlenstoffdioxid werden, anders als Wasserdampf, nicht nur von natürlichen Prozessen bestimmt.

Aufgrund der naturwissenschaftlichen Untersuchungsergebnisse zum Klimawandel und zur Klimaentwicklung ist der dringende Bedarf der globalen Verringerung der Treibhausgasemissionen belegt (Sinn 2008: 61).

Aber aus welchem Grund kommt es überhaupt zur Emission einer klimaschädigenden Menge an Treibhausgasen? Um eine Antwort auf diese Frage zu finden, ist eine umweltökonomische Betrachtung des Klimaproblems sinnvoll. Dabei muss die Ursache in der Charakteristik von Umweltgütern, zu denen auch im weiteren Sinne das Klima gehört, gesucht werden (Sieg 2007: 129 f.). Aus diesem Grund bilden Umweltgüter für die weitere Analyse die Ausgangsbasis. Um den Unterschied von Umweltgütern zu anderen Gütern deutlich zu machen, werden in diesem Kapitel kurz die Merkmale der verschiedenen Güterarten beschrieben, um dann im nächsten Kapitel konkret auf die Fragestellung einzugehen.

Güter können aufgrund ihrer Verfügbarkeit, ihrer Ausschließbarkeit vom Konsum und aufgrund ihrer Rivalität im Konsum unterschieden werden (Sieg 2007: 129 f.; Hohlstein / Sperber / Sprink u.a. 2003: 551):

Verfügbarkeit:
- Güter, die im Verhältnis zu ihrer Nachfrage, in ihrer Menge und Qualität nur begrenzt verfügbar sind, werden als knappe Güter bezeichnet. Durch diese begrenzte Verfügbarkeit, bei einer gegebenen Nachfrage, bildet sich ein Marktpreis[5].
- Wenn es sich dagegen um sogenannte freie Güter handelt, stehen diese in ihrer Menge und Qualität unbegrenzt zur Verfügung und können kostenlos in Anspruch genommen werden.

Ob Umweltgüter freie Güter sind, hängt von der Perspektive und der Situation ab. Wenn beispielsweise das Umweltgut "saubere" bzw. mit Schadstoffen unbelastete Luft[6] als unbegrenzt angesehen werden kann, wird es zum freien Gut. Wird die Luftqualität bzw. Klimastabilität aufgrund steigender Luftverschmutzung gefährdet, wird sie zum knappen Gut. Aufgrund der nach heutiger Auffassung "gefährdeten Qualität" von Umweltgütern, sind diese als knappe Güter einzuordnen. Dies gilt im Besonderen für die Erdatmosphäre, da ihre maximale Aufnahmefähigkeit von THG exogen

---

[5] Unter Umständen ist aber der Marktpreis nicht direkt ermittelbar. Zur Erläuterung siehe weiter unten im Text und Kapitel 2.2.
[6] Wenn im weiteren Verlauf von Luftverschmutzung durch Schadstoffe gesprochen wird, ist damit eine Emissionsmenge an Treibhausgasen gemeint, die zu einer Klimaschädigung führt. Wobei es sich bei THG, wie bereits beschrieben, nicht um Schadstoffe per se handelt und eine Luftverschmutzung durch andere atmosphärische Emissionen nicht direkt bzw. zwangsläufig den Klimawandel beeinflusst.

beschränkt ist und nicht technisch erweitert werden kann (Binder 1999: 2 f.; Hermeier 2007: 71). Einer ökonomischen Betrachtung werden aufgrund der "Preiseigenschaft", lediglich knappe Güter unterzogen.

Ausschließbarkeit vom Konsum und Rivalität im Konsum:
Wenn ein Individuum bei Nicht-Bezahlung des Marktpreises eines Gutes von dessen Konsum ausgeschlossen werden kann, besteht die sogenannte Ausschließbarkeit vom Konsum. Rivalität im Konsum bedeutet, dass der Konsum eines Gutes bzw. einer bestimmten Menge eines Gutes durch ein Individuum die Konsumierbarkeit des Gutes durch ein anderes Individuum einschränkt oder komplett verhindert (Brümmerhoff 2007: 79 ff.; Bofinger 2007: 270 ff.):

- Sind beide Bedingungen erfüllt, handelt es sich um ein sogenanntes privates Gut.
- Wenn ein Individuum nicht vom Konsum ausgeschlossen werden kann, handelt es sich um ein öffentliches Gut.

Ein Umweltgut ist aufgrund seiner "freien Zugänglichkeit" und, damit verbunden, der fehlenden Verpflichtung, einen Marktpreis für dessen Konsum zu entrichten, den öffentlichen Gütern zuzurechnen (Sieg 2007: 129 f.). Abbildung 1 verdeutlicht und untergliedert den dargestellten Sachverhalt noch weiter:

		Ausschluss-Prinzip	
		Ja	Nein
Konsum	rivalisierend	**Private Güter** z.B. Tasse Kaffee	**Öffentliche Güter im weiteren Sinne** z.B. "saubere" bzw. mit Schadstoffen unbelastete
	nicht-rivalisierend	**Mautgüter**[7] z.B. Theater mit freien Sitzplätzen	**Öffentliche Güter im engeren Sinne** z.B. Straßenbeleuchtung

Abbildung 1: Güterarten
Quelle: In Anlehnung an Bofinger 2007: 272

---

[7] Mautgüter sind für diese Studie zum Emissionshandel nicht relevant und werden deshalb hier nicht weiter behandelt.

Zusammenfassend lässt sich festhalten, dass Umweltgüter als knappe Güter einzustufen sind und den öffentlichen Gütern im weiteren Sinne[8] zuzuordnen sind. Daraus ergibt sich eine besondere Konstellation. Denn obwohl, wie zuvor festgestellt, knappe Güter einen Marktpreis besitzen, ist dessen Ermittlung nicht möglich, wenn es sich dabei gleichzeitig um ein öffentliches Gut handelt. Der Grund hierfür ist in der Nicht-Ausschließbarkeit vom Konsum zu suchen und wird zusammen mit dessen Konsequenzen im folgenden Kapitel untersucht.

2.2 Marktversagen

Zur Nicht-Ausschließbarkeit vom Konsum eines Umweltgutes kommt es, wenn ihm kein oder kein genau definiertes Eigentumsrecht bzw. Verfügungsrecht zugeordnet werden kann, oder wenn die Durchsetzung des Eigentumsrechts nicht sinnvoll erscheint. Eine genaue Definition der Eigentumsrechte oder deren Durchsetzung kann dadurch verhindert sein, dass entweder die erforderlichen technischen Möglichkeiten nicht vorhanden sind oder die damit verbundenen Transaktionskosten[9] zu hoch wären (Brümmerhoff 2001: 74).

Wie bereits in Kapitel 2.1 dargestellt, führt die Nicht-Ausschließbarkeit vom Konsum eines Umweltgutes dazu, dass kein Marktpreis für dessen Nutzung entsteht. Diese Erkenntnis ist deshalb von Bedeutung, weil die Existenz eines Preises in einem Markt bei vollständiger Konkurrenz und geeignetem Ordnungsrahmen zu einer pareto-effizienten Allokation der Güter bzw. der Ressourcen führt (Ahlheim / Stephan 1996: 51). Anders ausgedrückt bedeutet dies: „(s)olange Preise ihre Funktion als Knappheitssignale erfüllen, werden Ressourcen dorthin gelenkt, wo sie die größte Produktivität entfalten, und Güter dort konsumiert, wo sie den größten Nutzen stiften" (Weimann 1995: 30). Dieser Zusammenhang wird als Preismechanismus bezeichnet. Wenn dieser Mechanismus nicht wirkt, hat dies zur Folge, dass der Markt sich nicht selbst reguliert und es somit zum sogenannten Marktversagen kommt (Ahlheim / Stephan 1996: 51).

---

[8] Es ist denkbar, manche Umweltgüter auch einer anderen Güterkategorie zuzuteilen. In dieser Untersuchung wird aber der beschriebene Sachverhalt angenommen.
[9] Diese Transaktionskosten entstehen beispielsweise durch die Informationsbeschaffung, die Vertragsverhandlungen, -abschlüsse und -kontrollen (Brümmerhoff 2001: 74).

Um die im vorherigen Kapitel gestellte Frage, warum es überhaupt zur Emission einer klimaschädigenden Menge an Treibhausgasen kommt, zu beantworten, müssen nunmehr lediglich noch die bisher festgestellten theoretischen Erkenntnisse auf das Treibhausgasproblem angewendet werden:

Solange niemand aufgrund von durchsetzbaren Eigentumsrechten vom Konsum von "sauberer" bzw. mit Schadstoffen unbelasteter Luft ausgeschlossen werden kann, kommt es zu einem Marktversagen. Folglich kann jeder diese schadstofffreie Luft konsumieren bzw. als Produktionsfaktor nutzen, indem er Treibhausgase emittiert, ohne dafür einen Marktpreis entrichten zu müssen. Anders ausgedrückt heißt das, dass ein Emittent aufgrund des fehlenden Preises den Verbrauch an "sauberer Luft" bzw. die Klimaschädigung nicht in sein ökonomisches Kalkül einbeziehen muss. Der Emittent der Schadstoffe erzielt also beim Verbrauch der "sauberen Luft" einen positiven Nutzen, ohne dabei die Kosten, in Form der verbrauchten Ressource, zu berücksichtigen. Dadurch wird ein ökonomisch-rational handelndes[10] Individuum die Luftqualität bzw. Klimastabilität in dem Umfang mindern, wie es für die Maximierung seines persönlichen Nutzens nötig ist. Dieses Verhalten hat dann zur Folge, dass es zu einer ineffizienten Nutzung des Umweltgutes "saubere Luft" bzw. zu einer Ressourcenverschwendung kommt. Dieser Zusammenhang wird als Nicht-Erfüllung der sogenannten Effizienzbedingung bezeichnet. Diese Bedingung ist dann erfüllt, wenn der Grenznutzen und die Grenzkosten gleich groß sind (Brümmerhoff 2001: 74 f.; Feess 2007: 38). Bei dem dargestellten Fall lässt sich exemplarisch festhalten, dass eine aus ökonomischer Perspektive ineffiziente Allokation oftmals auch zu einem ökologisch unerwünschten Ergebnis führt (Wiesmeth 2003: 44 f.).

Der aufgezeigte Sachverhalt rund um die Effizienzbedingung lässt sich noch um die Entstehung von sogenannten technologischen externen Effekten (EE) bzw. technologischen Externalitäten[11] erweitern. Auch hier liegt die Ursache in fehlenden oder unvollkommenen Verfügungsrechten. Externe Effekte kommen durch ökonomische Aktivitäten, also durch Produktion oder Konsum von Gütern zustande, bei denen eine Nutzenbeeinflussung mindestens eines anderen Individuums bzw. Wirschaftssub-

---

[10] Siehe zur Erläuterung der Theorie von ökonomisch-rationalem Handeln Kirchgässner 2000: 1 ff..
[11] Es existieren desweiteren pekuniäre und psychologische Externalitäten, die aber für diese Untersuchung nicht von Belang sind. Zur Vertiefung siehe Feess 2007: 41 f.. Im weiteren Verlauf wird von externen Effekten gesprochen, bei denen es sich um technologische EE handelt.

jekts stattfindet, ohne dass diese Beeinflussung über einen Marktpreis abgegolten wird (Wiesmeth 2003: 55 f.).

Grundsätzlich werden negative und positive externe Effekte unterschieden[12]. Um negative Externalitäten (NEE) handelt es sich, wenn die Auswirkungen wirtschaftlicher Aktivitäten eines Wirtschaftssubjekts das Nutzenniveau eines anderen Wirtschaftssubjekts mindern. Bei positiven EE wird im Gegensatz dazu das Nutzenniveau des anderen Wirtschaftssubjekts erhöht. In der weiteren Betrachtung werden lediglich negative externe Effekte untersucht, da diese im besonderen Maße für die Klimaproblematik von Belang sind. Dabei wird davon ausgegangen, dass der Treibhauseffekt, hervorgerufen durch Konsum- und Produktionsprozesse, die Gesellschaftsmitglieder in ihrem Nutzenniveau negativ beeinflusst[13]. Angenommen, es existiert eine soziale Wohlfahrtsfunktion[14], in der die positiven und negativen Nutzen aller Gesellschaftsmitglieder eingehen, dann stellt sie sich bei Existenz von NEE wie folgt dar (Feess 2007: 37 ff.; Bofinger 2007: 272 ff.):

Δ Soziale Wohlfahrt = Grenznutzen des Emittenten durch Nutzung des Gutes "saubere Luft" - Grenzkosten der durch die negative Externalität entsteht

Um die Wirkung von NEE zu verdeutlichen, lässt sich die dargestellte soziale Wohlfahrtsfunktion umarbeiten[15] (Brümmerhoff 2001: 73):

Soziale Grenzkosten = Private Grenzkosten[16] + aggregierte Kosten der negativen EE

Daraus folgt bei Existenz von NEE: Soziale Grenzkosten > Private Grenzkosten

---

[12] Die Einteilung ergibt sich aus der Differenz zwischen den privaten Kosten/Erträgen der Aktivität und den sozialen Kosten/Erträgen. Näher nachzulesen in Bofinger 2007: 272 ff..
[13] Im weiteren Verlauf dieser Studie auch als Kosten bezeichnet. Selbstverständlich ist es aber auch denkbar, dass der anthropogene Treibhauseffekt das Nutzenniveau eines Individuums kurzfristig erhöhen kann (z.B. Eine größere Ernte durch mildere Temperaturen in bisher kalten Regionen). Dieser Überlegung wird hier aber nicht weiter nachgegangen.
[14] In diesem Buch wird nicht näher auf die soziale Wohlfahrtsfunktion, ihre Kriterien und die damit verbundenen Probleme der Operationalisierbarkeit eingegangen. Zur Vertiefung siehe wohlfahrtsökonomische Literatur. Nachfolgend wird eine Operationalisierbarkeit unterstellt.
[15] Dazu wird ungeachtet der Schwierigkeiten einer monetären Bewertung von EE von dieser Möglichkeit ausgegangen. Zu den methodischen und konzeptionellen Aspekten der Monetarisierung von EE siehe Brümmerhoff 2001:150 ff..
[16] Das sind solche Grenzkosten die beispielsweise durch die Beschaffung und Verarbeitung der Produktionsfaktoren oder den Konsum der Güter beeinflusst werden.

Da nutzenmaximierende Wirtschaftssubjekte lediglich ihre privaten Grenzkosten bei Ausübung einer ökonomischen Aktivität berücksichtigen und die nicht zu bezahlenden Kosten der NEE vernachlässigen, wird die Effizienzbedingung nicht erfüllt. Hieraus lässt sich ableiten, dass die bereits dargestellte Effizienzbedingung bei Nutzung von Umweltgütern und die Effizienzbedingung bei Existenz von negativen externen Effekten analog zu sehen sind. Somit sind ebenfalls externe Effekte mit einem Marktversagen verbunden und es kommt auch hier zu einer ineffizienten Allokation der Ressourcen bzw. Güter (Feess 2007: 42).

Im folgenden Beispiel und in Abbildung 2 wird der eben beschriebene Zusammenhang verdeutlicht: Angenommen ein ökonomisch-rational handelnder Betreiber eines Steinkohlekraftwerkes (KKW) verbraucht bei der Produktion einer Mengeneinheit Strom "saubere Luft", indem er eine Tonne CO_2 emittiert[17]. Für ihn stellt die Emission bzw. der Verbrauch an schadstofffreier Luft einen kostenlosen Produktionsfaktor dar, der ihm durch eine positive Grenzproduktivität einen Nutzenzuwachs ermöglicht (Feess 2007: 43). Bei der Produktion von Strom berücksichtigt er lediglich seine privaten Grenzkosten[18]. Denn aufgrund fehlender Eigentumsrechte an schadstofffreier Luft muss der Betreiber des KKW weder die unmittelbar entstehenden Kosten der Externalität (z.B. Luftverschmutzung durch Ruß), noch diejenigen, die für zukünftige Generationen[19] erwachsen (z.B. Klimaschädigung), tragen. In der Abbildung 2 lassen sich die Kosten des negativen externen Effekts aus der Differenz der sozialen Grenzkostenkurve und der privaten Grenzkostenkurve ablesen. Die Vernachlässigung der Kosten der EE bzw. der Umstand, dass das KKW lediglich die privaten Grenzkosten zu beachten hat, veranlasst es, eine Strommenge (X_0) zum markträumenden Preis von (p_0) anzubieten. Denn an diesem Punkt maximiert es seinen Nutzen. Wenn das KKW die sozialen Grenzkosten mit in seine Kostenkalkulation einbeziehen müsste, würde es aufgrund der gestiegenen Kosten den Strom zu einem höheren Preis am Markt anbieten. Was dazu führen würde, dass sich ein neues Marktgleichgewicht bei (p_{opt}) einfindet. Zu diesem neuen Markträumungspunkt wird nun ei-

---

[17] Für die weitere Untersuchung wird angenommen, dass sich das Emissionsniveau proportional zum Produktionsniveau verhält.
[18] Diese Kosten werden beispielsweise durch die Förderung und Verbrennung der Steinkohle beeinflusst.
[19] Auch wenn es möglich wäre/ist, einen Preis und somit einen Markt für externe Effekte zu schaffen, bleibt es den zukünftigen Generationen trotzdem verwehrt, sich auf diesem "heutigen" Markt mit in die Preisverhandlungen einzubringen (Brümmerhoff 2001: 74 f.).

ne gesamtwirtschaftlich wünschenswerte, geringere Menge (X_{opt}) an Strom produziert bzw. an CO_2 emittiert (Endres 2007: 16 ff.; Farmer / Stadler 2005: 124 ff.).

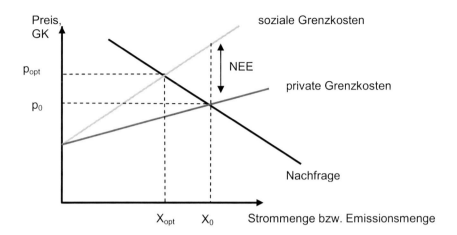

Abbildung 2: Wirkung von negativen externen Effekten
Quelle: In Anlehnung an Bofinger 2007: 274

Wie hier nachgewiesen wurde, sind die Marktkräfte alleine nicht in der Lage, eine gesellschaftlich erwünschte Menge an Umweltgüternutzung bzw. an THG-Emissionen herbei zu führen. Somit ist ein staatliches Eingreifen notwendig. Es besteht ein internationaler Konsens darüber, dass dem Temperaturanstieg durch klimapolitische Maßnahmen entgegengewirkt werden muss. Allerdings ist im Vergleich zu Umweltschädigungen durch "andere" atmosphärische Emissionen das Treibhausgasproblem erst seit den 1980er Jahren Gegenstand der Umweltpolitik. Daraus folgt, dass es bisher nur wenige Erkenntnisse über die Wirkungen von politischen Strategien und Instrumenten zur Emissionsvermeidung bzw. -reduktion von THG gibt (Erdmann / Zweifel 2008: 347 f.).

3 Emissionszertifikatehandel als Instrument der Klimaschutzpolitik

3.1 Internalisierung externer Effekte durch umweltökonomische Instrumente

Im vorangegangenen Kapitel wurde aufgezeigt, dass, solange die Wirtschaftssubjekte nicht alle tatsächlich entstandenen gesamtwirtschaftlichen Kosten in ihre Produktions- bzw. Konsumentscheidungen einbeziehen, es weder zu einer ökonomisch noch ökologisch pareto-effizienten Allokation von Umweltgütern bzw. THG-Emissionen kommt. Es muss also Ziel der Umweltpolitik sein, Mittel einzusetzen, die die Verursacher eines NEE (Konsumenten bzw. Produzenten) dazu veranlasst, sämtliche Kosten ihrer Handlung ins Kalkül zu ziehen. Sodass dann der Preis des Umweltgutes die tatsächliche Knappheit und die Knappheitsfolgen anzeigt. Dieses Vorgehen wird als Internalisierung von negativen externen Effekten nach dem Verursacherprinzip bezeichnet (Mussel / Pätzold 1996: 38 ff.; Endres 2007: 22 ff.).

Im nachfolgenden werden zwei umweltökonomische Konzepte zur Internalisierung von NEE vorgestellt. Zur Vervollständigung und um eine Aussage treffen zu können, welches umweltpolitische Instrument für die Lösung der Klimaproblematik am meisten erfolgversprechend scheint, ist zusätzlich noch eine weitere umweltpolitische Handlungsalternative zu betrachten[20]. Zur Beurteilung der Instrumente werden zum Einen mit dem Pareto-Kriterium wohlfahrtsökonomische Überlegungen angestellt, zum Anderen werden mit der Analyse der Kosteneffizienz und des ökologischen Zielerreichungsgrades umweltökonomische Überlegungen herangezogen.

Grundsätzlich sind zwei umweltpolitische Handlungsweisen möglich, die ein ökologisch gewünschtes Ergebnis herbeiführen können (Mussel / Pätzold 1996: 40):

- Intervention bei Bedarf und / oder
- Implementierung eines geeigneten Ordnungsrahmens

---

[20] Es werden nur solche umweltpolitischen Instrumente analysiert, die eine ökonomische Beurteilung zulassen. Somit sind Instrumente, wie beispielsweise die Moral suasion nicht Gegenstand dieses Buches. Siehe hierzu unter anderem Mussel / Pätzold 1996: 95 ff..

Bei der erstgenannten Variante greift der Staat kontinuierlich in das Marktgeschehen ein, um ökologisch unerwünschte Ergebnisse zu vermeiden. Dazu bedient er sich ordnungsrechtlicher Instrumente, die er ständig an die jeweilige Situation bzw. das individuelle Problem anpassen muss. Im zweiten Fall dagegen beschränkt sich der Staat darauf, einmalig geeignete "ökologische" Rahmenbedingungen zu schaffen, die eine Internalisierung der NEE durch den Marktmechanismus gewährleisten. Bei dieser rein ordnungspolitischen Handlungsweise, wird durch den Einsatz von marktwirtschaftlichen Instrumenten, eine permanente Intervention überflüssig.

Ordnungsrechtliche Instrumente:
Sie stellen das traditionelle umweltpolitische Instrumentarium dar und werden am häufigsten eingesetzt[21]. Dabei handelt es sich um staatlich festgelegte Auflagen zur Einhaltung ökologischer Normen. Zu diesen Auflagen zählen alle Gebote und Verbote in unterschiedlichen Ausformungen. Umweltauflagen können beispielsweise die Güterproduktion regeln, indem entsprechende Auflagen für Produktionsverfahren, Produktnormen, Produktions- und Emissionsmengen erlassen werden. Bei einem Verstoß gegen die Auflagen wird der Verursacher von Seiten des Staates bestraft. Ordnungsrechtliche Instrumente haben durch ihren Zwangscharakter, innerhalb des umweltpolitischen Instrumentariums, die für die Wirtschaftssubjekte am stärksten einengende Wirkung. Damit Auflagen das gewünschte ökologische Verhalten der Wirtschaftssubjekte bewirken, müssen allerdings zwei Bedingungen erfüllt sein. Zum Einen muss die Bestrafung, zum Beispiel in Form eines Bußgeldes, mindestens gleich hoch sein wie der monetäre Nutzen, den das Wirtschaftssubjekt hat, wenn es dagegen verstößt. Zum Anderen muss garantiert sein, dass die Einhaltung der Auflagen kontrolliert und dass Verstöße gegen die Auflagen geahndet werden. Andernfalls würde sich ein ökonomisch-rational handelndes Wirtschaftssubjekt nicht an die Auflagen halten (Feess 2007 59 ff.; Farmer / Stadler 2005: 281 ff.).

Ordnungsrechtliche Maßnahmen erfüllen einen gewissen "Gerechtigkeitsaspekt", denn die Auflagen gelten für jedermann im gleichen Maße. Aufgrund dieser Tatsache und dem Zwangscharakter von Auflagen scheinen ordnungsrechtliche Maßnahmen dort sinnvoll, wo es um die Abwehr unmittelbarer Umweltzerstörung geht. Han-

---

[21] Ungefähr 90 Prozent der umweltpolitischen Maßnahmen fußen auf dem Ordnungsrecht (Mussel / Pätzold 1996: 56).

delt es sich allerdings nicht um die Vermeidung akuter Umweltbedrohungen, liegt aus ökonomischer Sicht in dem beschriebenen "Gleichbehandlungsprinzip" auch der größte Nachteil ordnungsrechtlicher Instrumente. Die ökonomische Schwachstelle ergibt sich aus der Vernachlässigung der Tatsache, dass die Emittenten unterschiedliche Grenzkosten für die Emissionsvermeidung bzw. -reduktion, sogenannte Grenzvermeidungskosten[22] (GVK), besitzen. Dadurch kann es bei einer Gleichbehandlung der Emittenten nicht zu einer aus gesamtwirtschaftlicher Perspektive kosteneffizienten Emissionsreduktion kommen[23]. Denn es ist ökonomisch ineffizient, bei unterschiedlichen GVK jeden Emittenten mit den gleichen Auflagen zur Reduktion einer bestimmten Menge an THG-Emissionen zu belegen (Endres 2007: 122 ff.; Farmer / Stadler 2005: 281 ff.). Dies soll in Abbildung 3 verdeutlicht werden (Mussel / Pätzold 1996: 56 ff.):

Ausgehend von dem politisch gewollten Ziel die Gesamtemissionsmenge (E_0) um die Hälfte zu reduzieren, wird eine Auflage erlassen, die alle Emittenten dazu verpflichtet ihre individuellen Emissionen (E) zu halbieren. Angenommen in der Volkswirtschaft existieren lediglich zwei Unternehmen bzw. Emittenten (Un1 und Un2) mit unterschiedlichen Grenzvermeidungskostenkurven (GVK_{Un1} und GVK_{Un2}). So entsteht dem Unternehmen 1 bei Halbierung seiner Emissionsmenge Kosten in Höhe der Fläche A[24] und dem Un2 Kosten in Höhe der Fläche A+B. Das Unternehmen 2 hat also in diesem Fall beträchtlich höhere Grenzvermeidungskosten ($GVK_{Un2;\ 1}$) als Unternehmen 1 ($GVK_{Un1;\ 1}$). Es gilt aber, dass Kosteneffizienz nur dann gegeben ist, wenn beide Unternehmen die gleichen Grenzvermeidungskosten besitzen. Es wird also zwar das umweltpolitische Ziel der gesamtwirtschaftlichen Emissionshalbierung erreicht, allerdings zu einem nicht kostenminimalen Preis[25].

---

[22] Die GVK hängen beispielsweise von dem Einsatz von Technologien zur Emissionsreduktion ab, der sehr unterschiedlich bei den Emittenten sein kann (Endres 2007: 124).
[23] Ein Sonderfall ergibt sich bei einem kompletten Verbot der umweltverschmutzenden Aktivität. Denn dann ist die Frage der GVK-Unterschiede der Unternehmen irrelevant (Feess 2007: 61 f.).
[24] Alle Flächen der Abbildungen 3 und 4 ergeben sich aus dem Raum begrenzt durch die Punkte E_{opt}, ½ E_0, E_0 und unterhalb bzw. zwischen den GVK-Kurven.
[25] Beim Einsatz von Auflagen entstehen der Wirtschaft und damit der Gesellschaft etwa doppelt so hohe Kosten der Emissionsvermeidung wie beim Einsatz marktwirtschaftlicher Instrumente (Mussel / Pätzold 1996: 56).

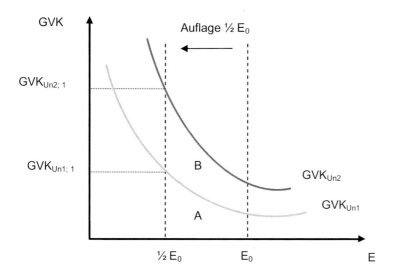

Abbildung 3: Wirkung von Auflagenpolitik
Quelle: In Anlehnung an Mussel / Pätzold 1996: 59

Bei einer Auflagenpolitik kann also keine kosteneffiziente Emissionsminderung erreicht werden. Es sei denn, dass entweder der in der Praxis unrealistische Fall gilt, dass die Emittenten im Ausgangszeitpunkt die gleichen GVK aufweisen, oder dass gegenüber Unternehmen, entsprechend ihrer jeweiligen Grenzvermeidungskosten, individuelle Auflagen angeordnet werden. Allerdings besteht hier einerseits das Problem, dass dieses Vorgehen gegen das gesetzliche Gleichbehandlungsgebot verstoßen würde und andererseits macht es die asymmetrische Informationsverteilung unwahrscheinlich, dass dem Politiker die jeweiligen GVK der Emittenten bekannt sind. Um aber theoretisch den Beweis zu erbringen, dass es möglich ist, die umweltpolitisch gewollte Emissionsmenge bei gleichzeitiger Kosteneffizienz mit einer Auflagenpolitik zu erreichen, wird angenommen, dass diese Unwägbarkeiten nicht bestehen. Zudem wird unterstellt, dass eine horizontale Aggregation der unternehmensindividuellen Grenzvermeidungskostenkurven möglich ist (Wiesmeth 2003: 150 ff.; Feess 2007: 60 ff.). Unter diesen Annahmen ergibt sich das in Abbildung 4 dargestellte Szenario (Endres 2007: 126 ff.):

Ausgehend von dem Ziel einer kosteneffizienten Halbierung der Gesamtemissionsmenge (bei GVK_{opt}) müsste Unternehmen 1 (Un1), das geringere Grenzvermeidungskosten hat als Unternehmen 2 (Un2), per Auflage eine Emissionseinheit mehr reduzieren (bis E_{opt}). Dafür würde sich für das Unternehmen 2 die Erlaubnis ergeben, eine marginale Emissionsmenge mehr auszustoßen (bis E_{opt}). Bei dieser Verschiebung der Emissionsmengen kommt es zwar zu einem kostensteigernden Effekt der Emissionsvermeidung für Un1 in Höhe der Fläche C, aber zu reduzierten Kosten für Unternehmen 2 in Höhe der Fläche D. Für die Volkswirtschaft kommt es zu einer Kostenentlastung, deren Höhe sich aus der Differenz der Flächen C und D errechnet. Zu beachten ist, dass das gewünschte umweltpolitische Ziel trotz der Umschichtung der Emissionsmengen zwischen den Unternehmen erreicht wird.

Es ist aber zu betonen, dass beim Einsatz ordnungsrechtlicher Instrumente die politisch festgelegte Gesamtemissionsmenge in der Praxis nicht der gesellschaftlich erwünschten entspricht. Denn hierzu müsste der Staat einen Emissionsgrenzwert fixieren, der sich auf Basis der sozialen Grenzkosten ergibt. Dieses Unterfangen scheitert aber an unvollständigen Informationen über die individuellen Grenzkostenfunktionen. Somit kommt es bei ordnungsrechtlichen Instrumenten zu keiner Internalisierung von externen Effekten bzw. keiner pareto-optimalen Allokation (Feess 2007: 62 ff.).

Zusätzlich zur fehlenden Internalisierung von EE und bestehender Kostenineffizienz wird durch ordnungsrechtliche Instrumente ein weiteres Problem hervorgerufen, und zwar die sogenannte dynamische Ineffizienz. Damit ist gemeint, dass durch Auflagen die Anreizwirkung zur Entwicklung umweltschonender Technologie zurückgeht. Dies liegt daran, dass sich die Auflagen am aktuellen Stand der Technik orientieren. Dadurch ergibt sich für die Unternehmen, die lediglich die Auflagen einhalten wollen, keinerlei Anreiz, die vorgeschriebenen Emissionshöchstwerte mit noch effizienterer Technologie zu unterschreiten. Der Unternehmer müsste sogar bei Einführung neuer Technologien fürchten, dass die Auflagen an den neuen Stand der Technik angepasst würden. Eine Reduzierung der Emissionen über die festgelegten Grenzwerte würde sich allenfalls zufällig bei Einführung einer produkttechnischen Neuerung ergeben (Mussel / Pätzold 1996: 61; Endres 2007: 134).

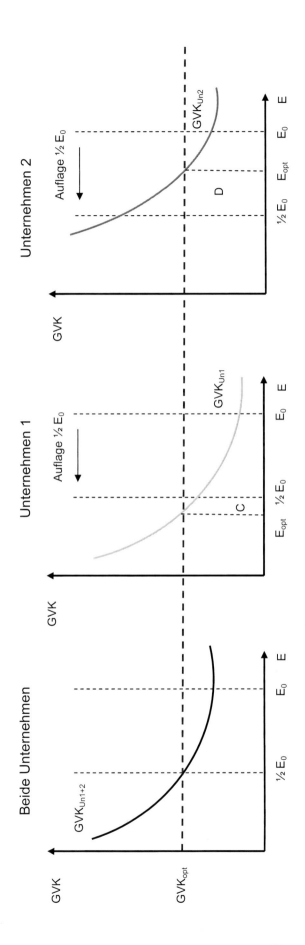

Abbildung 4: Berücksichtigung der individuellen Grenzvermeidungskosten bei Auflagenpolitik
Quelle: In Anlehnung an Endres 2007: 128

Konzepte zur Internalisierung externer Effekte und daraus abgeleitete marktwirtschaftliche Instrumente:

Wie bereits erwähnt, versucht die Politik mit der Setzung von geeigneten "ökologischen" Rahmenbedingungen eine Internalisierung der NEE über den Marktmechanismus herbeizuführen und damit das Marktversagen zu beheben. Dazu bedient sich die Politik marktwirtschaftlicher Instrumente, die im Folgenden vorgestellt werden.

3.1.1 Eine Preislösung - Das Pigou-Modell

Eines der zwei Internalisierungskonzepte ist in der wissenschaftlichen Literatur auch als Preismethode bekannt und basiert auf dem sogenannten Pigou-Modell. Dabei wird, anders als bei der Auflagenpolitik, wo ein bestimmter Emissionsgrenzwert vorgeschrieben wird, dem Umweltgut ein Preis zugeordnet. Damit wird zum Einen ermöglicht, die Knappheit des Gutes anzuzeigen und zum Anderen wird es möglich, die Emittenten bzw. die Verursacher der NEE zur Zahlung zu verpflichten. Diese Zwangszahlung erfolgt in Form einer Abgabe bzw. Steuer[26] und entspricht im Modell von Pigou den Grenzkosten der Geschädigten. Dadurch muss der Emittent bei seiner Produktion die sozialen Grenzkosten berücksichtigen und es kommt somit zu einer pareto-effizienten Produktions- bzw. Emissionsmenge (Wigger 2006: 68 f.). Die Funktionsweise der Internalisierungsvariante nach Pigou wird durch Abbildung 5 detailliert dargestellt (Mussel/Pätzold 1996: 41 f.):

Es wird angenommen, dass das in Kapitel 2.2 erwähnte Steinkohlekraftwerk (KKW) bei der Produktion von Strom lediglich seine privaten Grenzkosten (GK_{priv}) berücksichtigt. Dadurch bildet sich aufgrund der Nachfrage ein Marktgleichgewicht bei einer Strom-bzw. Emissionsmenge von X_1, zu einem Preis von P_1. Allerdings entstehen durch die Emission von Treibhausgasen negative externe Effekte, die die sozialen Grenzkosten (GK_{soz}) über den privaten GK liegen lassen. Die Politik erhebt nun eine Steuer (t) für jede Emissionseinheit beim KKW in der Höhe der verursachten Grenz-

---

[26] In dieser Studie wird aus Vereinfachungsgründen kein Unterschied zwischen Steuern und Abgaben gemacht. Diese Begriffe werden als Synonyme verwendet, obwohl eine differenzierte Betrachtung für die Praxis von Relevanz ist. Hauptunterschied ist, dass die Aufwendungen für die Abgaben zweckgebunden sind und zur Beseitigung der verursachten Umweltschäden verwendet werden müssen. Während die Steueraufwendungen, gemäß dem sogenannten Non-Affektationsprinzip, nicht zweckgebunden sind. Für eine vertiefende Betrachtung siehe Feess 2007: 71 ff.; Brümmerhoff 2001: 70 ff..

kosten der Geschädigten und erreicht somit eine Internalisierung der Externalität und eine pareto-optimale Preis-Menge-Kombination. Denn durch die Einführung dieser sogenannten Pigou-Steuer (t*) sind für den Verursacher nun nicht mehr die privaten Grenzkosten das Entscheidungskriterium seiner Produktions- bzw. Emissionsmenge, sondern die sozialen Grenzkosten. Dies führt zu der gesellschaftlich erwünschten Produktion der pareto-effizienten Gütermenge (X_{opt}), die niedriger ausfällt als zuvor, bei einem höheren Preis (P_{opt}).

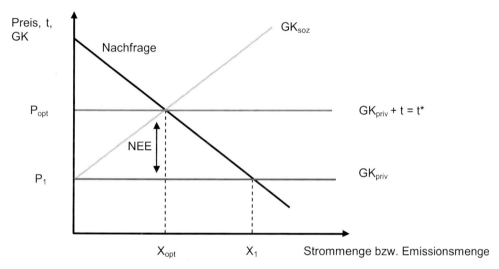

Abbildung 5: Internalisierung von negativen Externalitäten im Pigou-Modell
Quelle: In Anlehnung an Brümmerhoff 2001: 86

Das Besondere an der Pigou-Steuer ist, dass nicht die optimale Emissionsmenge vorgeschrieben wird, sondern eine Steuer auf jede Emissionseinheit erhoben wird. Dabei soll die Steuer das Verhalten der Emittenten in die "ökologisch" gewünschte Richtung lenken. Bei der Pigou-Steuer handelt es sich damit um eine Art "Lenkungssteuer". Wobei es dem Verursacher überlassen wird, ob er die Steuer zahlt oder ob und in welchem Ausmaß er die Emission vermeidet (Brümmerhoff 2001: 88). Die Überlegung, wann sich der Emittent für welche Handlungsalternative entscheidet, wird in Abbildung 6 näher betrachtet (Mussel/Pätzold 1996: 42 f.; Feess 2007: 72 ff.):

Wie bereits beschrieben, wird die pareto-optimale Emissionsmenge (E_{opt}) bei einem Preis (P_{opt}) erreicht. Dies ist dann der Fall, wenn die Grenzkosten des NEE (GK_{NEE})[27]

---

[27] Die Grenzkostenkurve des NEE ergibt sich, ausgehend von Abbildung 5, aus dem senkrechten Abstand der Kurven der GK_{soz} und der GK_{priv}.

genau gleich hoch sind, wie die Grenzvermeidungskosten (GVK) des Emittenten. Ab welchem Zeitpunkt sich der Emittent dazu entschließt seine Emissionsmenge (E) zu reduzieren und wann er bereit ist für die ausgestoßene Emissionsmenge eine Steuer zu zahlen, hängt von seinen Grenzvermeidungskosten ab. Angenommen er emittiert im Ausgangszeitpunkt eine Emissionsmenge E_1, so hätte er für jede zusätzlich eingesparte Emissionseinheit Grenzvermeidungskosten die oberhalb von GVK_1 liegen. Ein ökonomisch-rational handelnder Emittent würde aber, anstatt beispielsweise teure Emissionsminderungstechnik einzusetzen, seine Emissionen bis E_{opt} ausdehnen und die günstigere Steuer pro zusätzlicher Emissionseinheit in Höhe von t^* zahlen. Anders verhält sich der Emittent, wenn seine ursprüngliche Emissionsmenge bei E_2 liegt. Hier würde jede eingesparte Emissionseinheit nur Grenzvermeidungskosten verursachen, die oberhalb von GVK_2 liegen. Er würde solange weniger emittieren, bis seine GVK gleich hoch sind wie die zu zahlende Steuer t^*. Auch in diesem Fall stellt sich die pareto-optimale Emissionsmenge E_{opt} ein. Alle Emittenten passen also solange ihre Emissionen an bis ihre Grenzvermeidungskosten dem Steuersatz entsprechen. Dadurch sind bei einem einheitlich geltenden Steuersatz, im Schnittpunkt die Grenzvermeidungskosten der Emittenten identisch. Und wie bereits an anderen Stellen erwähnt, stellen einheitliche Grenzvermeidungskosten die Bedingung für eine kosteneffiziente Internalisierung von NEE dar.

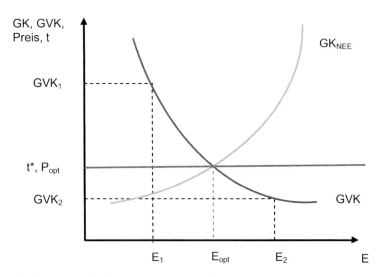

Abbildung 6: Die Pigou-Steuer als Lenkungssteuer
Quelle: In Anlehnung an Mussel / Pätzold 1996: 43

Anders als bei der Auflagenpolitik ergibt sich bei Erhebung einer Pigou-Steuer keine dynamische Ineffizienz. Das bedeutet, dass unabhängig von einem bestimmten Emissionsgrenzwert ein ständiger Anreiz zur Entwicklung effizienterer Technologien zur Emissionsvermeidung besteht. Denn ökonomisch-rational handelnde Unternehmen sind bestrebt, Technologien einzusetzen, die die Kosten der Emissionsreduktion unter die Steuerbelastung drücken. Anders ausgedrückt, die Emittenten versuchen, durch umwelttechnische Innovationen ihre GVK-Kurve nach links zu verschieben (Endres 2007: 136).

Allerdings ist das Pigou-Modell trotz der vielversprechenden Wirkungsweise in seiner praktischen Anwendbarkeit nur bedingt geeignet, da es mit einer nicht zu überbrückenden Informationsasymmetrie verbunden ist. Denn für die Erzielung einer pareto-effizienten Allokation muss der Staat den Steuersatz genau in Höhe der Grenzkosten des negativen externen Effekts erheben. Allerdings ist dieses in der Realität nicht möglich, da lediglich die Geschädigten über diese Information verfügen[28]. Zum anderen ist es nur schwer möglich, die Verursacher von externen Effekten eindeutig zu identifizieren. Denn oft bestehen Verflechtungen der Umweltschädigung auf mehreren Wirtschaftsebenen[29]. Selbst wenn von einer pareto-optimalen Allokation abgesehen wird, birgt das Pigou-Modell einen weiteren Schwachpunkt. Dieser zeigt sich dahingehend, dass ein von der Politik gewünschtes Emissionsmengenziel nicht auf Anhieb bzw. garantiert erreicht wird. Denn aufgrund mangelnder Informationen über die GVK-Verläufe der Emittenten kann der Staat lediglich in einem Trial-and-error Prozess den Steuersatz erheben, der die Emittenten dazu veranlasst, ihre Emissionen auf das gewünschte Niveau zu reduzieren. Die Verbindung der Pigou-Steuer mit der Vorgabe eines zu erreichenden Umweltstandards ist als sogenannter Standard-Preis-Ansatz bekannt (Brümmerhoff 2001: 87; Mussel/Pätzold 1996: 44 ff.).

---

[28] Selbst wenn der Staat über diese Information verfügen würde, so wäre es ihm nicht möglich diese in eine gesamtwirtschaftliche Präferenzordnung zu bringen (Mussel/Pätzold 1996: 44).
[29] Hiermit sind unter anderem die Wechselwirkungen der Beziehungen zwischen einzelnen Wirtschaftsakteuren gemeint. Für eine umfassendere Betrachtung siehe Brümmerhoff 2001: 86 ff..

3.1.2 Eine Verhandlungslösung - Das Coase-Theorem

Das zweite Internalisierungskonzept setzt an dem bereits erläuterten Sachverhalt an, dass Marktversagen dadurch entsteht, dass keine bzw. unvollkommene Eigentumsrechte an den entsprechenden Umweltgütern existieren. Angenommen, es bestehen aber vollkommene Verfügungsrechte, deren Durchsetzung und Übertragbarkeit staatlich garantiert sind, dann wird nicht nur eine Überbeanspruchung des Umweltgutes verhindert, sondern es werden auch bestehende externe Effekte über den Marktpreis abgegolten. Denn durch die durchsetzbaren Eigentumsrechte würde das vormals öffentliche Gut Umwelt in ein privates Gut umgewandelt werden, was zur Folge hätte, dass die Geschädigten und die Verursacher der Umweltverschmutzung über den Preis der Externalität verhandeln. Das Problem des Marktversagens wäre beseitigt und die Marktkräfte würden infolgedessen selbstständig eine pareto-effiziente Verbrauchsmenge des Umweltgutes finden. Dabei spielt es aus ökonomischer Sicht keine Rolle, ob die Eigentumsrechte an dem Umweltgut in den Händen des Verursachers oder des Geschädigten sind. Es kommt gleichermaßen zu einer pareto-effizienten Verwendung der Umweltgüter und somit zu einer Maximierung der gesamtwirtschaftlichen Wohlfahrt[30]. Diese Theorie ist als Coase-Theorem bekannt (Endres 2007: 136). Der beschriebene Zusammenhang wird in Abbildung 7 veranschaulicht (Wigger 2006: 64 ff.):

Angenommen die Eigentumsrechte liegen beim Geschädigten "B", dann müsste der Schädiger "A" für beispielsweise jede ausgestoßene Emissionseinheit eine Kompensation an B bezahlen. In diesem Fall der Eigentumsrechteverteilung handelt es sich um das sogenannte Verursacherprinzip. Die Höhe der Entschädigung richtet sich dabei nach den Grenzkosten des NEE (GK_{NEE}) die dem B entstehen. Für A ist es solange günstig diese Entschädigungszahlungen vorzunehmen, solange seine Grenzvermeidungskosten (GVK) höher liegen. Dies ist beispielsweise bei der Emissionsmenge E_2 der Fall. Sobald die Ausgleichszahlungen aber höher als seine Grenzvermeidungskosten sind (so beispielsweise in E_1), wird der Verursacher seine Emissionen drosseln bzw. in emissionsreduzierende Technologien investieren. Dadurch bewegen sich unabhängig der Ausgangssituation die Emissionen zur pareto-effizienten Menge E_{opt}.

---

[30] Allerdings bleiben Aspekte der sozialen Gerechtigkeit dabei unberücksichtigt.

Sind die Eigentumsrechte andersherum verteilt, wird dieses als Nutznießerprinzip bezeichnet. Bei dieser Konstellation wird der Geschädigte B dem Verursacher A solange Geld für die Emissionsvermeidung bzw. -reduktion zahlen, solange seine durch die Emission zu tragenden Grenzkosten höher als diese "Unterlassungszahlungen" sind (so zum Beispiel in E_1). Nach der gleichen Methode wie zuvor beschrieben, wird sich unabhängig der Ausgangslage eine pareto-effiziente Emissionsmenge in E_{opt} einfinden (Mussel / Pätzold 1996: 46 ff.).

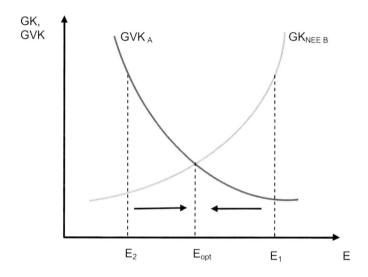

Abbildung 7: Internalisierung von negativen Externalitäten nach dem Coase-Theorem
Quelle: In Anlehnung an Mussel / Pätzold 1996: 47

Um eine pareto-optimale Allokation der Umweltgüter zu ermöglichen, müsste der Staat also nur Eigentumsrechte an Umweltgütern definieren bzw. zuweisen und für einen geeigneten Ordnungsrahmen sorgen, der Verhandlungen ermöglicht und eine Durchsetzung der Verfügungsrechte garantiert. Im Anschluss daran würde sich der Markt selbst regulieren. Somit setzt eine Verhandlungslösung, bei der im Prinzip nur ein geeigneter Ordnungsrahmen geschaffen werden muss, keine so aktive Rolle des Staates voraus wie eine Abgabenlösung (Wigger 2006: 67 f.; Brümmerhoff 2001: 81 f.).

Allerdings ist es in der Realität nicht möglich ein einwandfreies Eigentumsrecht an dem Umweltgut "Luft" zu definieren und/oder einzuklagen. Da es sich um ein öffentliches Gut handelt, kann niemand von der Nutzung ausgeschlossen werden und die Durchsetzung des Eigentumsrechts bleibt zu bezweifeln. In der Praxis stößt das Coase-Theorem selbst dann an seine Grenzen, wenn zwar die Eigentumsrechte einwandfrei definiert werden könnten, es aber zu viele Schädiger und Geschädigte gibt. Denn die Verhandlungen wären mit zu hohen Transaktionskosten für die Vertragsparteien verbunden. Erschwerend hinzu kommt, dass die Verursacher nicht immer eindeutig zu bestimmen sind (Wigger 2006: 67 f.; Mussel / Pätzold 1996: 48).

Diese Probleme lassen sich aber umgehen, wenn nicht das Eigentumsrecht an dem Umweltgut vergeben wird, sondern an einer bestimmten Menge der Umweltschädigung. Diese modifizierte Variante des Coase-Theorems wird auch als Mengenmethode bezeichnet. Dabei wird auf eine umgekehrte Strategie als bei der Preismethode gesetzt, bei der ein staatlich zugeordneter Preis für den Umweltverbrauch, eine gewünschte Menge an Emissionen herbeiführen soll. Das heißt, dass bei der Mengenmethode eine Emissionsobergrenze definiert wird und sich dadurch ein Preis für die Umweltnutzung einstellt (Feess 2007: 123 f.). Abbildung 8 veranschaulicht die Wirkungsweisen der verschiedenen Methoden:

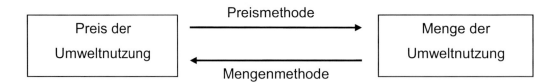

Abbildung 8: Wirkungsweise: Preismethode vs. Mengenmethode
Quelle: In Anlehnung an Mussel / Pätzold 1996: 82

Die Vorgehensweise bei Anwendung der Mengenmethode gestaltet sich dabei folgendermaßen (Hermeier 2007: 71 ff.; Feess 2007: 123 ff.; Janssen 2006: 20; Wigger 2006: 68 f.):

- In einem ersten Schritt wird auf politischem Wege festgelegt, wie viel Umweltbelastung bzw. Gesamtemission gesellschaftlich tolerierbar bzw. wünschenswert ist.
- Im nächsten Schritt wird die Gesamtemissionsmenge in gleichgroße Teilmengen gesplittet und als Umweltnutzungsrechte bzw. Emissionsrechte verbrieft. Diese einzelnen Emissionsrechte werden dann an die Emittenten zugeteilt oder versteigert[31]. Die Emissionsrechte verbriefen den Eigentümern die Er-

---

[31] Die Methodik der Verteilung der Emissionsrechte wird in Kapitel 3.2 näher untersucht.

laubnis, einmalig eine bestimmte Schadstoffmenge innerhalb eines bestimmten Zeitraums in die Umwelt abzugeben[32].

- Eine Emission, die über die vorhandenen Emissionsrechte hinaus geht, ist verboten. Damit die jeweiligen Emissionsgrenzen von den Emittenten eingehalten werden, muss der Staat dafür Sorge tragen, dass geeignete Kontroll- und Sanktionsmechanismen geschaffen werden[33].

- Den Emittenten muss aber das Recht eingeräumt werden, Emissionsrechte von anderen Unternehmen hinzu kaufen zu können, wenn sie über ihre im Ausgangszeitpunkt vorhandenen Nutzungsrechte hinaus emittieren möchten. Der Staat muss also in einem dritten Schritt einen funktionsfähigen Markt schaffen, auf dem diese Emissionsrechte gehandelt werden können. Aufgrund dieser Handelsmöglichkeit wird die Mengenmethode auch treffender als Emissionsrechtehandel spezifiziert. Die beschriebene Vorgehensweise bzw. der Funktionsaufbau beim Emissionsrechtehandel wird dabei als Cap and Trade-Prinzip bezeichnet. Denn nach der Festlegung einer Emissionsobergrenze bzw. eines Gesamtbudgets an Emissionsrechten (Cap) kommt es zum Handel (Trade) mit Emissionsrechten auf dem Markt.

- Der Handels-bzw. Marktpreis wird dabei nicht politisch festgelegt, sondern er ergibt sich durch Angebot und Nachfrage um das jetzt private Gut "Emissionsrecht". Der Preis- bzw. Marktmechanismus funktioniert also wieder. Dies hat zur Folge, dass die Emittenten aufgrund des zu zahlenden Preises für das Emissionsrecht die Klimaschädigung bzw. die externen Effekte in ihr Kostenkalkül miteinbeziehen. Somit werden die sozialen Grenzkosten Basis ihrer Entscheidung und es kommt zu einer pareto-effizienten Allokation.

Der soeben dargestellte Sachverhalt wird in Abbildung 9 näher untersucht (Feess 2007: 125 ff.; Wigger 2006: 68 f.; Erdmann / Zweifel 2008: 353 ff.):

Angenommen es besteht das umweltpolitische Ziel, die bisherige Gesamtemissionsmenge E_0 auf das Niveau E_{opt} zu reduzieren, so werden der Gesamtheit der

---

[32] Ein Beispiel hierfür ist ein Emissionsrecht, das innerhalb eines definierten Zeitraums (z.B. 5 Jahre), in Form der einmaligen Emission einer Tonne CO_2-Äquivalente eingelöst werden kann.
[33] Welche Bedingungen dabei erfüllt sein müssen und wie eine mögliche Ausgestaltung aussehen kann, wird am Praxisbeispiel des EU-Emissionshandelssystems in Kapitel 5.6 erklärt.

Emittenten Emissionsrechte in dieser Höhe zur Verfügung gestellt[34]. Zur Vereinfachung wird davon ausgegangen, dass lediglich zwei gleich zu behandelnde Unternehmen (Un1 und Un2) existieren. Beide Unternehmen erhalten somit im Ausgangszeitpunkt jeweils die Hälfte der ausgegebenen Emissionsrechte (½ E_{opt}). Desweiteren wird angenommen, dass die Zuteilungsmenge beide Unternehmen dazu zwingt, einen Teil ihrer bisherigen Emissionen zu vermeiden. Zudem wird unterstellt dass Unternehmen 1 niedrigere Grenzkosten der Emissionsvermeidung hat, als Unternehmen 2. Dadurch, dass die Emittenten unterschiedliche Grenzvermeidungskosten besitzen, haben sie einen Anreiz, mit ihren Emissionsrechten zu handeln. Durch Angebot und Nachfrage bildet sich ein Preis für Emissionsrechte in Höhe von P_{ER}. Wobei jedes Unternehmen solange Emissionen vermeidet, bis seine GVK gleich dem Emissionsrechtepreis sind. Das heißt für diesen Beispielfall, dass Un1 als Anbieter auftreten wird, bis der Preis für die Emissionsrechte gleich hoch ist wie seine GVK. Er vermindert also bis zu diesem Punkt seine Emissionen relativ kostengünstig und erzielt mit dem Verkauf der Emissionsrechte einen Gewinn. Bei dem sich am Markt einstellenden Preis von P_{ER} tritt Un2 als Nachfrager auf, da für ihn der Zukauf von Emissionsrechten bis zu dieser Höhe günstiger ist, als die Emissionsvermeidung. Aus dem Handelsverhalten der Unternehmen ergibt sich dann ein tatsächlicher Emissionsausstoß für Un1 auf dem Niveau E_1 und für Un2 auf Höhe E_2. Dies bedeutet, dass die Emissionen am kostengünstigsten Ort vermieden werden und sich aufgrund des einheitlichen Emissionsrechtepreises für alle Unternehmen die gleichen GVK (im Punkt P_{ER}) ergeben. Somit wird durch den Emissionsrechtehandel das Gesamtreduktionsziel kosteneffizient erreicht, ohne dass der Staat Kenntnis über die individuellen GVK der Unternehmen haben muss.

Ein weiterer Vorteil des Emissionsrechtehandels ist die Tatsache, dass es anders als bei der Auflagenpolitik zu keiner dynamischen Ineffizienz kommt und somit ein Anreiz zur Entwicklung von neuen Klimaschutztechnologien bzw. Emissionsreduktionstechnologien existiert. Die Begründung dafür liegt darin, dass sowohl die Produzenten, die als Verkäufer auf dem Emissionsrechtemarkt auftreten, als auch die Käufer bestrebt sind, ihre Grenzvermeidungskosten zu senken. Denn durch gesunkene GVK ist es dem Verkäufer möglich, noch mehr Emissionsrechte zu verkaufen und einen

---

[34] Zur Vereinfachung wird hier von einer kostenlosen Zuteilung an Emissionsrechten ausgegangen. Wobei sich das dargestellte Prinzip bei einer Versteigerung, bis auf die anfängliche finanzielle Belastung der Unternehmen, nicht unterscheiden würde. Näheres siehe Kapitel 3.2.

Verkaufserlös zu erzielen. Umgekehrt muss der Käufer durch gesunkene Vermeidungskosten nicht mehr so viele zusätzliche Emissionsrechte über den Markt erwerben (Feess 2007: 126 f.; Hermeier 2007: 74).

Zugegebenermaßen gilt auch beim Emissionsrechtehandel, dass die Festlegung der Verschmutzungsmenge bzw. des Umweltzustands nicht vom Markt bestimmt wird, sondern auf politischem Wege festgelegt wird. Aufgrund der bereits unter anderem bei der Auflagenpolitik beschriebenen Informationsdefizite bleibt es allerdings zu bezweifeln, dass die Höhe der staatlich festgelegten Emissionsmenge eine pareto-effiziente Allokation bewirkt. Allerdings besteht die Möglichkeit, dass wenn es allen Wirtschaftssubjekten erlaubt wird sich am Emissionsrechtehandel zu beteiligen, sie ihre Präferenzen bezüglich einer besseren Umweltqualität durchsetzen können. Damit ist gemeint, dass sie durch den Erwerb und die Nicht-Ausübung von Emissionsrechten das zur Verfügung stehende Gesamtemissionskontingent verknappen können (Brümmerhoff 2001: 90 ff.; Ahlheim / Stephan 1996: 74 f.; Hermeier 2007: 75).

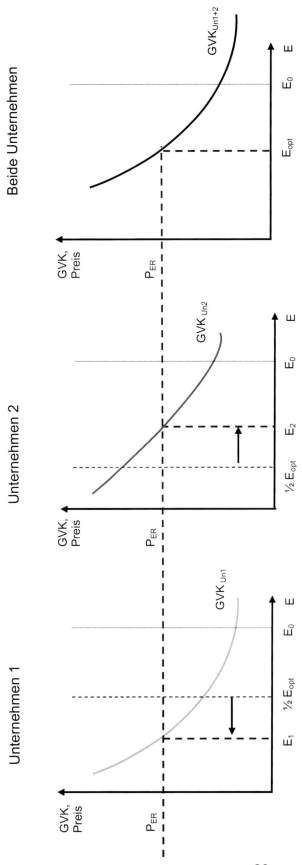

Abbildung 9: Kosteneffiziente Internalisierung externer Effekte durch den Handel mit Emissionsrechten
Quelle: In Anlehnung an Mussel / Pätzold 1996: 84; Endres 2007: 128

Zusammenfassend lassen sich für die Emissionsrechtelösung, im Vergleich mit den anderen umweltpolitischen Instrumenten, einige Punkte hervorheben. Der Hauptvorteil der Emissionsrechtelösung gegenüber einer Preislösung liegt darin, dass bei geeigneten Kontroll- und Sanktionsmechanismen das politisch festgelegte Gesamtemissionsziel garantiert nicht überschritten wird. Gleichzeitig bewahrt sich die Politik ein Höchstmaß an Flexibilität. Denn es können jederzeit aufgrund einer veränderten klimapolitischen Zielpräferenz neue Emissionsrechte ausgeben oder bestehende zurückgekauft bzw. vom Markt genommen werden (Brümmerhoff 2001: 90 ff.; Ahlheim / Stephan 1996: 74 f.; Hermeier 2007: 75). Zugegebenermaßen erreicht auch eine geeignete Auflagenpolitik das gewünschte Emissionsziel zuverlässig, aber eben nicht wie der Emissionsrechtehandel auf einem kosteneffizienten Weg. Auch bezüglich der ökologischen Treffsicherheit erweist sich eine Auflagenlösung im Bereich der Klimaproblematik der Emissionsrechtelösung als nicht überlegen. Dies lässt sich wie folgt begründen: Wie bereits in Kapitel 2.1 beschrieben, entfalten Treibhausgase unabhängig von ihrem Entstehungsort eine globale umweltbelastende Wirkung. Somit ist es bei THG, anders als bei lokal wirkenden Schadstoff-Emissionen, nicht nötig, die genauen regionalen Emissionen zu bestimmen bzw. Auflagen für die regionalen Unternehmen festzulegen. Insofern ist es für das THG-Problem irrelevant, wenn die Unternehmen in einem Marktprozess selbst über die (regionale) Verteilung der Emissionen entscheiden (Feess 2007: 126 f.; Hermeier 2007: 74). Allen umweltpolitischen Instrumenten gemein ist, dass es, aufgrund von asymmetrischen Informationen, in der Praxis nahezu unmöglich ist, eine pareto-optimale Allokation zu bewirken. Aber selbst wenn eine solche Pareto-Effizienz erreicht werden sollte, kann diese nur bestehen bleiben, wenn es zu keiner Verzerrung durch zusätzliche staatliche Maßnahmen, wie zum Beispiel Subventionen, Umverteilung etc.[35] kommt (Bofinger 2007: 275; Erdmann / Zweifel 2008: 353; Cortekar / Jasper / Sundmacher 2006: 5).

Bei einer abschließenden Beurteilung der umweltpolitischen Instrumente ist festzuhalten, dass eine Emissionsrechtelösung bei der Bekämpfung des Klimawandels am geeignetsten erscheint. Denn durch ihre Kosteneffizienz und ihre garantierte ökologische Zielerreichung ist sie der Auflagenpolitik und der Preislösung vorzuziehen. Zudem bietet sie einen Anreizmechanismus zur individuellen Minimierung des Umwelt-

---

[35] In diesem Buch wird aus Vereinfachungsgründen nicht darauf eingegangen, welche Wirkungen ein paralleler Einsatz der vorgestellten umweltpolitischen Instrumente hat. Zur Vertiefung siehe Endres 2007: 22 ff..

verbrauchs (Hermeier 2007: 75). Diese Überlegenheit des Emissionsrechtehandels gegenüber den anderen Instrumenten bei der Bewältigung der Klimaproblematik macht es interessant, in den folgenden Kapiteln mit der theoretischen Analyse des Emissionsrechtehandels fortzufahren.

3.2 Ausgestaltung des Emissionshandels

Zu den bereits im vorangegangenen Kapitel beschriebenen Voraussetzungen zur Einführung des Emissionsrechtehandels kommen noch eine Vielzahl an Überlegungen, die vor Aufnahme des eigentlichen Handels geklärt werden müssen (Janssen 2006: 19). Denn die Ausgestaltung der rechtlichen und institutionellen Rahmenbedingungen beeinflusst die Verhaltensweisen der am Emissionshandel beteiligten Akteure und damit das ökonomische und ökologische Ergebnis. Aus diesem Grund ist es notwendig, alle relevanten Rahmenbedingungen zu kennen und auf ihre Konsequenzen hin zu analysieren (Lueg 2007: 16 f.). Die Tabelle 2 führt die wichtigsten Rahmenbedingungen des Emissionshandels auf[36]:

Wichtige Rahmenbedingungen des Emissionshandels
• Festlegung des umweltpolitischen Zieles
• Wirkung auf bzw. durch andere umweltpolitische Maßnahmen
• Einzubeziehende Treibhausgase
• Festlegung der Gesamtmenge der Emissionen
• Basisjahr für die Emissionsmessung
• Geografische Abgrenzung des Emissionshandelsgebietes
• Festlegung der zu handelnden Einheit
• Einzubeziehende Sektoren und Ausnahmeregelungen für bestimmte Anlagen
• Behandlung von Anlagenstilllegungen und Neueinsteigern
• Möglichkeit des Zusammenschlusses von Anlagen ("Pooling")
• Umgang mit möglichen Wettbewerbsverzerrungen
• Möglichkeit der Ausnutzung günstigerer Vermeidungsoptionen ("Klimaschutzprojekte")
• Allokationsverfahren der Anfangsverteilung der Emissionsrechte
• Bestimmung der Institutionen für die Primärallokation mit Emissionsrechten

---

[36] Die Aufzählung ist nicht erschöpfend und kann noch durch weitere Rahmenbedingungen ergänzt werden.

- **Laufzeit bzw. Gültigkeit der Emissionsrechte**
- **Allokationsverfahren in späteren Perioden**
- **Behandlung einer Überallokation mit Emissionsrechten ("Hot Air-Problem")**
- **Organisation des Handels**
- **Dauer der Handelsperioden**
- **Möglichkeit der Übertragung in bzw. von anderen Perioden ("Banking und Borrowing")**
- **Monitoring und Sanktionsmaßnahmen**

Tabelle 2: Wichtige Rahmenbedingungen des Emissionshandels
Quelle: In Anlehnung an Lueg 2007: 16

Die aufgeführten Rahmenpunkte wurden oder werden in den nachfolgenden Kapiteln näher untersucht. Dabei sind einige Aspekte von besonderem theoretisch-umweltökonomischem Interesse und werden deshalb noch in diesem Kapitel behandelt. Wohingegen andere Punkte direkt in ihrer praktischen Umsetzung in den darauf aufbauenden Kapiteln betrachtet werden.

Eines der zentralen Ausgestaltungsmerkmale ist die Verteilungsmodalität der Anfangsallokation mit Emissionsrechten. Grundsätzlich lassen sich drei Verteilungsverfahren unterscheiden, die in ihren umweltökonomischen Wirkungen ungleich sind (UBW 2005: 100 f.; Baumann 2006: 12 f.):

- Gratisverteilung
- Kostenpflichtige Verteilung über eine Versteigerung
- Mischformen dieser Verteilungsvarianten

Wenn die kostenlose Verteilung der Emissionsrechte auf Basis historischer Ist-Emissionen der Anlagen abzüglich des Emissionsreduktionsziels stattfindet, wird vom sogenannten Grandfathering gesprochen. Eine Gratisvergabe kann aber auch auf Basis anderer Kriterien erfolgen. Beispielsweise können Wachstums- bzw. Absatzprognosen oder Emissionen pro Output-Einheit herangezogen werden. Die Gratisverteilung weist den Vorteil für die Emittenten auf, dass ihnen keine Vergabekosten entstehen (Baumann 2006: 12 f.). Allerdings sind mit dieser Verteilungsvariante zwei Besonderheiten verbunden, die bedacht werden müssen (Janssen 2006: 19 f.; UBW 2005: 117 f.; John / Rübbelke 2005: 72):

- Aus der Gratisvergabe ergeben sich keine Markteintrittsbarrieren für die Unternehmen, die bei der Primärallokation berücksichtigt werden. Dies ist insofern problematisch, dass es für Unternehmen, die erst zu einem Zeitpunkt nach der Anfangsallokation dem Markt zusteigen, zu einem Wettbewerbsnachteil kommt. Denn diese müssen dann die Emissionsrechte entgeltlich über den Markt erwerben. Um dieser Problematik entgegen zu wirken, muss der Staat eine Reserve an Emissionsrechten für neue Marktteilnehmer zurückhalten. Allerdings ist eine genaue Kalkulation der Reserve recht schwierig und hat Auswirkungen auf das ökologische Ziel.
- Speziell beim Grandfathering entsteht eine Ungleichbehandlung der Unternehmen. Denn Emittenten mit ineffizienten Anlagen erhalten mehr Emissionsrechte, als Unternehmen die bereits freiwillig ihre Anlagen mit emissionsvermeidender Technologie ausgestattet haben. Die Konsequenz daraus ist, dass ökonomisch-rational handelnde Emittenten mit modernisierten Anlagen dazu verleitet werden, ebenfalls einen höheren Emissionsausstoß zu verursachen, um bei der Primärallokation mehr Emissionsberechtigungen zu erhalten. Andernfalls erfahren sie einen Wettbewerbsnachteil gegenüber Unternehmen mit ineffizienten Anlagen, da diese mit relativ günstigen Emissionsvermeidungsmaßnahmen[37] eine Überdeckung an Emissionsrechten schaffen können, die sie dann gewinnbringend am Markt verkaufen. Deshalb muss der Staat zur Vermeidung dieses Problems, bei der Primärallokation frühzeitige Emissionsminderungsmaßnahmen der Unternehmen, sogenannte Early Action, in Form von höheren Zuteilungsmengen honorieren.

Im Gegensatz zu einem kostenlosen Allokationsverfahren erfolgt die Verteilung der Emissionsrechte über eine Versteigerung kostenpflichtig (Janssen 2006: 20). Dabei bieten die Emittenten entsprechend ihrer jeweiligen Zahlungsbereitschaften, die sich nach ihren Grenzvermeidungskosten und dem tatsächlichen Bedarf an Emissionsrechten richten. Daraus folgt, dass Emittenten mit niedrigeren GVK auch weniger Emissionsrechte benötigen. Bei einer Versteigerung kommt es gleich dem späteren Handel mit Emissionsrechten zu einem Wettbewerb unter den Emittenten und der Wirkung, dass Emissionsminderungen am kostengünstigsten Ort vorgenommen

---

[37] Die Grenzvermeidungskosten steigen pro marginale Einheit an vermiedenen Emissionen an (Mussel / Pätzold 1996: 84).

werden. Eine dem eigentlichen Handel vorgeschaltete Auktion der Emissionsrechte nimmt bereits eine Vielzahl an Markttransaktionen vorweg und kann somit zu einer Effizienzsteigerung führen. Denn durch die Auktionierung werden frühzeitig die tatsächlichen Knappheitsverhältnisse der Emissionsrechte angezeigt. Diese frühen Preissignale im Markt statten die Unternehmen zusätzlich mit Informationen aus und lassen konkrete Handels- und Investitionsstrategien zu (UBW 2005: 100 f.; Baumann 2006: 13).

Allerdings ist auch dieses Allokationsverfahren[38] mit einigen Unwägbarkeiten behaftet:

- Über die Anzahl der zu erwerbenden Emissionsrechte entscheidet bei der Auktionierung nicht nur die Zahlungsbereitschaft, sondern auch die Zahlungsfähigkeit der Emittenten. Dieser Umstand birgt die Gefahr der Monopolbildung. Das heißt, dass ein finanzstarker Auktionsteilnehmer oder eine Gruppe versucht, mehr Emissionsberechtigungen als tatsächlich benötigt zu erwerben, um finanzschwächere Auktionsteilnehmer vom Markt zu verdrängen oder später auf einem illiquiden Emissionsrechtemarkt den Preis über ein geringes Angebot zu manipulieren. Um dies zu verhindern, müssen von staatlicher Seite entweder entsprechende rechtliche Rahmenbedingungen geschaffen werden, oder muss auf Märkten, bei denen die Gefahr einer Monopol- oder Oligopolbildung herrscht, teilweise eine Gratisvergabe an Emissionsrechten vorgenommen werden (Janssen 2006: 20; UBW 2005: 101; Baumann 2006: 13).
- Ein weiterer Punkt, der bei einem Auktionsverfahren bedacht werden muss, ist dass die Auktion dem Markt für Emissionshandel Liquidität entzieht und ihn deshalb anfälliger für Spekulationen macht. Darüberhinaus ist eine kostenpflichtige Zuteilung mit zusätzlichen Kosten für die Unternehmen verbunden und schwächt somit ihre Wachstumsfähigkeit. Um dies zu unterbinden, müssen die staatlichen Einnahmen durch die Versteigerung wieder an die Auktionsteilnehmer zurückfließen. Um dabei gleichzeitig die dynamische Effizienz

---

[38] Bei dem Verfahren der Auktionierung sind verschiedene Varianten möglich, die sich in ihrer Allokationseffizienz und anderen Kriterien (beispielsweise strategischer Verhaltensmöglichkeiten der Teilnehmer) unterscheiden (UBW 2005: 101). Es würde aber den Rahmen dieser Studie sprengen, auf alle möglichen Varianten einzugehen.

zu beschleunigen, kann dies mit einem Transferschlüssel stattfinden, der effizienteren Unternehmen eine höhere Rückerstattung zukommen lässt, als ineffizienteren Unternehmen (Baumann 2006: 13; UBW 2005: 101; Brümmerhoff 2001: 87).

Die dritte Variante, eine Primärallokation vorzunehmen, ist der sogenannte Hybridansatz, der eine Mischform der bereits vorgestellten Allokationsverfahren darstellt. Hierbei gibt es eine Vielzahl an denkbaren Variationen. Interessant ist unter dem Gesichtspunkt der Anreizwirkung bzw. der dynamische Effizienz der sogenannte Benchmarkansatz. Dabei werden den Anlagen auf Basis eines Referenzemissionswertes[39] kostenlose Emissionsrechte zugeteilt. Dadurch profitieren Anlagen, deren THG-Emissionen unterhalb dieser Benchmark liegen, wohingegen solche, die die Benchmark überschreiten, zusätzliche Emissionsrechte kaufen müssen (UBW 2005: 100; Baumann 2006: 12; Janssen 2006: 20).

Abschließend ist für die Beurteilung der Verteilungsvarianten festzuhalten, dass unabhängig vom gewählten Verfahren die ökologische Effektivität gewährleistet ist und sich eine ökonomische Effizienz einstellt. Allerdings kommt es bei einer Gratisverteilung erst über den Handel mit Emissionsrechten zu einem kosteneffizienten Ergebnis, während sich ein solches Ergebnis durch ein Auktionsverfahren schneller einstellen kann (Lueg 2007: 16 f.).

Ein weiterer zentraler Punkt der Rahmenbedingungen, über den entschieden werden muss, ist die Möglichkeit der Flexibilisierung des Emissionshandels. Wie beschrieben, haben die emittierenden Unternehmen zur Einhaltung ihres Emissionsziels im Cap and Trade-System die Handlungsoption, entweder Emissionsrechte am Markt zu kaufen und/oder eine Emissionsreduktion durch Installation technischer Neuerungen zu bewirken. Eine weitere Handlungsoption ergibt sich, wenn den Emittenten die Wahlmöglichkeit eingeräumt wird, zu entscheiden, ob sie eine Emissionsreduktion unternehmensintern (interne Reduktion) vornehmen oder durch Ausnutzung günstigerer Vermeidungsoptionen anderenorts (externe Reduktion). Dabei spielt es keine Rolle ob die Emissionsminderungspotentiale im In- oder im Ausland gehoben werden (Fuhr / Zenke 2006: 227; BMU 2006: 5).

---

[39] Als Referenz könnte beispielsweise der Emissionswert des Branchendurchschnitts dienen (Baumann 2006: 12).

Diese Überlegung und deren Wirkung werden an folgendem Beispiel verdeutlicht (Fichtner 2005: 204 ff.):

Angenommen wird, dass ein Unternehmen an seinem Produktionsstandort Grenzvermeidungskosten in Höhe von beispielsweise 100 Euro pro 1 Tonne CO_2-Äqui hat und der aktuelle Marktpreis für ein Emissionsrecht gleicher Einheit ebenfalls 100 Euro beträgt. Der Unternehmer ist somit indifferent was die Reduktion oder den Kauf von Emissionsrechten angeht[40]. Desweiteren wird davon ausgegangen, dass eine Emissionsreduktion einer Mengeneinheit in einem anderen Land, bei Durchführung eines Klimaschutzprojektes[41], mit Grenzvermeidungskosten in Höhe von 90 Euro verbunden ist. Das Unternehmen ist daran interessiert, von diesen geringeren GVK zu profitieren[42]. Deshalb führt der Anlagenbetreiber in diesem anderen Land ein Projekt durch, das eine CO_2-Reduktion bewirkt. Im Gegenzug erhält er für die eingesparte Emissionsmenge eine "Gutschrift an Emissionsrechten" bzw. sogenannte Emissionsminderungsgutschriften, die er entweder auf seine Emissionsverpflichtungen anrechnen lassen kann oder auf dem Markt gewinnbringend weiterverkauft. Dies führt dazu, dass es aus globaler Perspektive zu einer Senkung der Gesamtvermeidungskosten der beteiligten Volkswirtschaften und zur Senkung der GVK des Unternehmens kommt. Die Emissionsminderungsmaßnahmen werden also am kostengünstigsten durchgeführt. Zusätzlich profitiert das projektgastgebende Land, indem es mit umweltschonender Technologie auf internationalem Niveau ausgestattet wird.

Um die Anzahl der Emissionsminderungsgutschriften, sogenannte Credits, nicht willkürlich zu bestimmen, ist es erforderlich, die bei Projektdurchführung tatsächliche Emissionsreduktion festzustellen. Dazu wird in einem ersten Schritt der Emissionsverlauf eines Referenzfalls, die sogenannte Baseline, zugrunde gelegt. Dieser Referenzfall bemisst die Emissionsmenge in einem bestimmten Zeitraum, die ohne das Projekt entstanden wäre. Die Anzahl der Credits berechnet sich dann aus der Differenz zwischen den tatsächlichen Emissionen bei Projektdurchführung und der Baseline. Wie viele Male bzw. für welchen Zeitraum durch das durchgeführte Projekt

---

[40] Es wird das Fehlen von Transaktionskosten unterstellt.
[41] Beispiele für Klimaschutzprojekte sind die Konstruktion eines Windparks oder Maßnahmen zur Effizienzsteigerung eines Fernwärmenetzes (DEHST 2008c: 8).
[42] Dabei wird die Existenz von Transaktionskosten unterstellt, die niedriger als der Zugewinn durch die eingesparten GVK sind.

Credits entstehen können, hängt zum Einen von der emissionsreduzierenden Wirkung bzw. des Emissionsverlaufs des Projekts und zum Anderen von dem politischen Wunsch ab. Dieses System ist als Baseline and Credit bekannt und wird in Abbildung 10 veranschaulicht (Janssen 2006: 17; Fichtner 2005: 203 ff.).

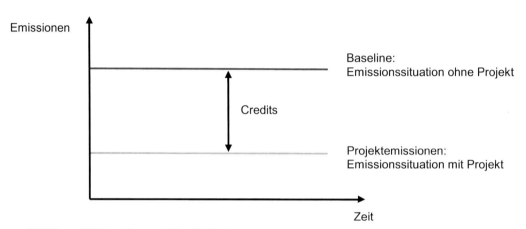

Abbildung 10: Baseline and Credit-System
Quelle: In Anlehnung an DEHST 2008c: 8

Anders als beim Cap and Trade-System ist beim Baseline and Credit-System die Gesamtmenge an den zur Verfügung stehenden "Emissionsrechten" nicht (zwangsläufig) von vorneherein durch eine Obergrenze festgelegt (Janssen 2006: 20). Daraus folgt, dass ein im Vorfeld von den beteiligten Ländern festgelegtes Gesamtemissionsbudget nur dann nicht überschritten wird, wenn die zusätzlich durch ein Klimaprojekt generierten Emissionsreduktionsgutschriften von diesem Budget abgezogen werden. Dabei spielt es aus ökologischer Sicht keine Rolle, welches Land sein individuelles Budget bereinigt. Erfolgt keine Verrechnung innerhalb der nationalen Emissionsbudgets, erhöhen die Emissionsminderungsgutschriften die festgelegte globale Gesamtemissionsmenge (DEHST 2008e: 4; UBW 2005: 528).

Im Sprachgebrauch und in der wissenschaftlichen Literatur wird oft zwischen den Begriffen Emissionshandel, Emissionszertifikate, Emissionsminderungsgutschriften und Emissionsrechte nicht klar unterschieden. Es gilt aber Emissionsminderungsgutschriften und Emissionsrechte zu differenzieren, da sie, wie beschrieben, in ihrem Aufbau und in ihrer Wirkung unterschiedlich sind. Kommt es auf die Darstellung dieser Unterschiede nicht an, verkörpert ein Emissionszertifikat sowohl die Emissionsreduktionsgutschrift als auch das Emissionsrecht. Der Emissionshandel bzw. der Emissionszertifikatehandel steht dabei für den Handel mit diesen Zertifikaten.

3.3 Hauptkritikpunkte am Emissionshandel

3.3.1 Gefahr von Wettbewerbsverzerrung und Carbon Leakage

Zu den wichtigen Entscheidungen der Ausgestaltung des Emissionshandels gehört außer der Wahl der Primärallokation und der Entscheidung über den Einbezug von Emissionsminderungsgutschriften auch die Bestimmung des Teilnehmerkreises. Allerdings führt dieser Punkt auch zu den heftigsten Diskussionen auf allen Ebenen der Wirtschaft und Politik. Hintergrund der Debatte ist, dass den Emittenten, wie bereits beschrieben, aufgrund der Einführung des EH und dem damit verbundenen Einbezug von externen Effekten zusätzliche Kosten[43] bei der Güterproduktion entstehen. Emissionsrechte stellen also einen Produktionsfaktor dar, der für die Unternehmen in seiner Kostenwirkung mit anderen (herkömmlichen) Produktionsfaktoren vergleichbar ist. Aus diesem Grund ist ein ökonomisch-rational handelnder Emittent bestrebt, nicht in ein Emissionshandelssystem einbezogen zu werden oder so viele Emissionsrechte kostenlos zugeteilt zu bekommen, dass er sein Produktionsverhalten nicht verändern muss[44] (Fichtner 2005: 21 ff.; DEHST 2008d: 10 f.).

Die beschriebene Kostenwirkung des Emissionshandels legt den Schluss nahe, dass die Entscheidung über die drei nachfolgenden Ausgestaltungsmerkmale des EH unter Umständen erhebliche ökonomische Auswirkungen auf die Unternehmen und somit auf die jeweiligen Volkswirtschaften haben (Fichtner 2005: 14 ff.):

- Die geographische Abgrenzung des Emissionshandelsgebietes
- Die ins Emissionshandelssystem einzubeziehenden Emittenten
- Die Zuteilungsmenge an Emissionsrechten

In Kapitel 2 wurde bereits festgehalten, dass es sich beim anthropogenen Treibhauseffekt um ein globales Umweltproblem handelt. Um diesem Umstand Rechnung zu tragen, ist der optimale Lösungsansatz ein weltweit umspannendes Emissions-

---

[43] Die Kosten werden nicht nur durch den Marktpreis der Emissionsrechte bestimmt, sondern auch durch Faktoren, die direkt oder indirekt mit dem EH verbunden sind. Beispiele für solche Einflussfaktoren sind Verwaltungskosten, Emissionshandelsgebühren, Substitutionskosten von CO_2-reichen Brennstoffen durch CO_2-arme Brennstoffe (Baumann 2006: 87).

[44] Aber selbst wenn die Unternehmen Emissionsrechte kostenlos und in ausreichender Menge zugeteilt bekommen, fließen die Emissionsrechte in ihre Kostenkalkulation mit ein. Denn anstatt die Emissionsrechte für die Produktion bzw. seine Emissionsreduktionsverpflichtung zu verwenden, könnten diese auch am Markt gewinnbringend verkauft werden. Somit stellt der Verkaufserlös Opportunitätskosten dar, die der Produktion anzurechnen sind (DEHST 2008d: 10).

handelssystem, bei dem ein globales Emissionsreduktionsziel festgelegt wird. Allerdings ist eine umfassende und einheitliche globale Lösung, aufgrund nationaler ökonomischer Interessen und des Trittbrettfahrerverhaltens[45] einiger Staaten, politisch nur schwer durchzusetzen. Dabei ist es aber unter Gesichtspunkten der Kosteneffizienz sinnvoll, eine große Zahl an Staaten und Unternehmen aller Branchen in ein Emissionshandelssystem zu integrieren. Denn, wie bereits in Kapitel 3.1.2 beschrieben, werden durch die unterschiedlichen Grenzvermeidungskosten der Teilnehmer Kosteneinsparungen durch den Emissionshandel ermöglicht. Folglich vergrößern sich die erzielbaren Kosteneinsparungen, je höher der GVK-Unterschied ist bzw. je höher die Anzahl derjenigen mit GVK-Unterschieden ist. Zudem führen mehr Handelsteilnehmer zu einem liquideren Emissionszertifikatemarkt und damit zu stabileren Preisen (Fichtner 2005: 14; UBW 2005: 79; Endres 2007: 290 f.). Allerdings steigen mit der Teilnehmerzahl auch die Transaktionskosten und der bürokratische Aufwand für die überwachenden und regulatorischen Institutionen (Erdmann / Zweifel 2008: 356).

Wenn nicht alle Staaten, Branchen und Unternehmen am Emissionshandel teilnehmen, kann es zu Wettbewerbsverzerrung kommen. Das bedeutet, dass Unternehmen, die nicht am Emissionshandel teilnehmen müssen, sei es, weil sich das "Heimatland" nicht daran beteiligt oder sie und/oder ihre Branche davon befreit sind, einen Wettbewerbsvorteil gegenüber emissionshandelspflichtigen Emittenten haben. Es kann ebenfalls zu ungleichen Wettbewerbsbedingungen kommen, wenn in den teilnehmenden Staaten unterschiedliche Rahmenbedingungen des EH gelten.

Um den letztgenannten Zusammenhang mit einem Beispiel zu verdeutlichen wird folgende Situation angenommen: Zwei am Emissionshandel teilnehmende Länder haben verschiedene nationale Reduktionsziele. Dadurch werden höchstwahrscheinlich identische Unternehmen der gleichen Branche, je nach Unternehmenssitz, auch mit verschiedenen Mengen an Emissionsrechten ausgestattet. Die Anlagenbetreiber werden also mit unterschiedlichen Kostenbelastungen konfrontiert (Fichtner 2005: 21; Baumann 2006: 89; Lueg 2007: 18 ff.). Ein ökonomisch-rational handelndes Unternehmen

---

[45] Die Folgen bzw. Kosten durch den Klimawandel betreffen auf lange Sicht alle Staaten. (Kurzfristig kann die Klimaschädigung aber sehr unterschiedliche regionale Kostenbelastungen hervorrufen.) Von einzelnen nationalen Anstrengungen zur Verminderung des Treibhauseffekts profitieren langfristig alle Staaten. Länder die also selbst kein Emissionsreduktionsziel haben, profitieren von den fremden Klimaschutzbemühungen durch geringere Umweltschädigung (auf ihrem Staatsgebiet), ohne ihre Güterproduktion durch den Emissionshandel zu verteuern (DEHST 2008d: 6).

betrachtet die Teilnahme am Emissionshandel und dessen Ausgestaltung als einen Standortfaktor. Das heißt, dass die Unternehmen ihren Standort oder ihre Produktion und damit verbunden auch ihre Emissionen in die Länder verlagern, in denen sie günstigere Produktionsbedingungen haben. Der geschilderte Zusammenhang wird als Carbon Leakage bezeichnet[46]. Allerdings ist zu betonen, dass die für ein Unternehmen durch die Emissionshandelspflicht entstehenden Kosten nur einen Faktor unter vielen für die Standortentscheidung darstellen[47]. Zusätzlich zum Carbon Leakage kann eine weitere Folge ungleicher Klimaschutzbemühungen sein, dass es zu vermehrten Importen von energieintensiven bzw. "emissionsintensiven" Gütern aus nichtteilnehmenden Ländern kommt, da sie dort günstiger produziert werden können. Diese beiden Umstände haben negative Auswirkungen auf das inländische Wirtschaftswachstum und damit auf die inländische Beschäftigungszahl (Baumann 2006: 96 f.; DEHST 2008d: 4 f.; Endres 2007: 287 f.).

Als ökologische Folge des Carbon Leakage lässt sich bei unreflektierter Betrachtung erstmal "nur" eine regionale Verschiebung der Emissionen feststellen, ohne dass es zu einer Emissionsreduktion kommt (Baumann 2006: 96). Wird dieser Sachverhalt aber intensiv analysiert, werden zwei bedeutende Gefahren aufgedeckt (DEHST 2008d: 5 ff.):

- Bei Ländern mit geringerem Klimaschutzstandard bzw., die nicht am Emissionshandel teilnehmen, handelt es sich zumeist um Entwicklungs- und Schwellenländer. Diesen Ländern stehen bei der Güterproduktion oftmals nicht die gleichen modernen Emissionsvermeidungstechnologien zur Verfügung wie "emissionsauslagernden" Staaten. Dadurch ergibt sich aus mikroökonomischer Sicht, also auf Basis von Gütern und Technologien, dass bei gleichbleibender Güterproduktion mehr Gesamtemissionen entstehen. Bei einer makroökonomischen Betrachtung, also auf Basis der nationalen Gesamtemissionsmengen, ergeben sich Emissionserhöhungen in den emissionsimportierenden Staaten und anfänglich Emissionsminderungen in den emissions-

---

[46] Besonders Unternehmen, die in starkem internationalen Wettbewerb stehen und eine energie- bzw. emissionsintensive Produktion betreiben, folglich eine hohe Kostenbelastung durch den Emissionshandel haben, neigen in diesem Zusammenhang zur Produktions- oder Standortverlagerung (DEHST 2008d: 4).

[47] Unter Umständen sind Fragen nach der politischen Stabilität und der Verfügbarkeit von qualifiziertem Personal für die Produktionsverlagerung wichtiger. Es ist aber möglich, dass die Emissionshandelskosten die Standortwahl für sowieso geplante Neuinvestitionen beeinflussen (DEHST 2008d: 8).

exportierenden Staaten. Demzufolge benötigen die emissionsexportierenden Staaten weniger Emissionsrechte und erhöhen dadurch das Marktangebot an Emissionsrechten. Durch dieses gestiegene Angebot fallen die Emissionsrechtspreise. Die "freigewordenen" billigen Emissionsrechte werden nun durch andere Unternehmen günstig erworben, die noch am inländischen Standort produzieren. Das führt dazu, dass es zwar im ersten Schritt zur Emissionsverlagerung kommt, daraufhin die inländische Emissionsobergrenze aber trotzdem ausgenutzt wird. Dieser Umstand führt dann zu einer Erhöhung der globalen Emissionsmenge.

- Das zweite Problem, das durch Carbon Leakage entstehen kann, ist der sogenannte race to the bottom-Effekt. Das bedeutet, dass die beschriebenen Entwicklungs- und Schwellenländer ihre Klimaschutzanforderungen immer weiter reduzieren, um noch mehr Direktinvestitionen anzulocken.

Eine Abwendung der Carbon Leakage-Problematik ist in einer globalisierten Welt, ohne einen weltweit einheitlichen Lösungsweg zum Klimaschutz nur schwer realisierbar. Eine Möglichkeit stellt aber eine Reduzierung der Kostenbelastung für leakage-gefährdete Branchen dar. Dies kann beispielsweise in Form von Gratiszuteilungen an Emissionsrechten oder finanziellen Beihilfen erfolgen. In der Praxis stellen sich die wirtschaftlichen Folgen des Carbon Leakage als begrenzt dar, wobei es über die ökologischen Konsequenzen unterschiedliche Untersuchungsergebnisse gibt[48] (DEHST 2008d: 12 ff.).

3.3.2 Tatsächliche Emissionsreduktion ist fraglich

An den zuvor beschriebenen Sachverhalt knüpft ein Umstand an, der aus Perspektive des Klimaschutzes viel kritischer zu betrachten ist. Wie beschrieben, befasst sich die Carbon Leakage-Problematik mit Gütern, bei deren Produktion THG ausgestoßen werden. Welche Konsequenzen ergeben sich aber für die Rohstoffmärkte, wenn es Staaten[49] gibt die keine Klimaschutzmaßnahmen vornehmen bzw. nicht am Emis-

---

[48] Für eine Darstellung der Untersuchungsergebnisse siehe unter anderem DEHST 2008d: 4 ff..
[49] Zur Veranschaulichung und aufgrund der höheren Relevanz wird von Staaten ausgegangen. Wobei das zu schildernde Prinzip zumindest in der Theorie auch auf die Ebene von Branchen bzw. Sektoren übertragbar ist.

sionshandel teilnehmen? Diese Frage wird anhand von Abbildung 11 untersucht (Sinn 2008: 324 ff.; Endres 2007: 287 f.; DEHST 2008d: 12):

Ohne den Emissionshandel ergibt sich unter Berücksichtigung der weltweiten Gesamtnachfrage nach fossilen Rohstoffen und einem gegebenem Angebot[50] ein Marktgleichgewicht im Punkt A zu einem Weltmarktpreis P*. Aufgrund der Einführung des EH und der damit verbundenen Mengenbeschränkung des möglichen THG-Ausstoßes wird eine Änderung der eingesetzten Energieträger und des gesamten Energieverbrauchs in den am Emissionshandel teilnehmenden Staaten angestoßen. Denn dadurch, dass die Emissionen nun einen Kostenfaktor darstellen, wird mit unterschiedlichen Maßnahmen versucht, den Energieverbrauch im Gesamten zu verringern und THG-intensive fossile Energieträger durch THG-arme Energieträger (vor allem erneuerbare Energien) zu ersetzen. Die Folge ist eine geringere Nachfrage nach fossilen Rohstoffen. Anders ausgedrückt entsteht indirekt durch die Mengenbeschränkung an THG-Emissionen eine Mengenbeschränkung des fossilen Rohstoffverbrauchs in den am Emissionshandel teilnehmenden Staaten. Dieser Umstand zeigt sich in einer senkrecht abfallenden Nachfragekurve. Werden nun alle anderen den Rohstoffpreis beeinflussenden Faktoren ausgeblendet, führt die verringerte Nachfrage zu einem sinkenden Weltmarktpreis P** und einem neuen Marktgleichgewicht in B. Die Konsequenz aus dieser Verkettung ist, dass es in den nicht am Emissionshandel teilnehmenden Staaten[51] durch die gefallenen Preise zu einer erhöhten Nachfrage und erhöhtem Verbrauch an fossilen Rohstoffen kommt. Dabei beträgt die Höhe der Mengenverschiebung an fossilen Rohstoffen hin zu den nicht teilnehmenden Ländern, die Differenz der Angebotsmengen in den Punkten A und B. Dadurch steigen natürlich auch die Emissionen in diesen Staaten an. Es existiert also eine durch den Marktmechanismus angetriebene negative Korrelation zwischen dem Treibhausgasausstoß von Staaten, die am EH teilnehmen, und solchen Staaten, die das nicht tun. Dieser Zusammenhang wird als Leakage-Effekt bezeichnet. Dieser Effekt bildet einer der größten Kritikpunkte an der ökologischen Wirksamkeit eines nicht global stattfindenden Emissionshandels. Denn das von den am Emissionshandel teilnehmenden Staaten verfolgte Ziel, die globale Gesamtemissionsmenge we-

---

[50] In einem langen Zeithorizont ist das Angebot starr. Allerdings ist bei einer kürzeren Betrachtungsweise auch ein elastisches Angebot möglich. Siehe zur Erläuterung und den möglichen Konsequenzen eines elastischen Angebots auf den Treibhauseffekt Sinn 2008: 348 ff..
[51] Hiermit sind auch Staaten gemeint, die „weniger ambitionierte Klimaziele" verfolgen (DEHST 2008d: 12).

nigstens durch ihre eigenen Klimaschutzanstrengungen zu reduzieren, ist nur dann realisierbar, wenn die restlichen Länder nicht ihre Emissionen erhöhen. Zusätzlich zu dieser Problematik kommt noch eine gewisse "wirtschaftliche Ungerechtigkeit" hinzu. Denn vom gefallenen Weltmarktpreis für fossile Rohstoffe profitieren die am Emissionshandel teilnehmenden Staaten bzw. die verpflichteten Unternehmen nicht, da sie zusätzlich den Preis für die Emissionsrechte in Höhe der Strecke B bis C bezahlen müssen. Daraus folgt, dass lediglich die Länder von einem gesunkenen Weltmarktpreis profitieren, die keine Klimaschutzanstrengungen vornehmen. Anders ausgedrückt heißt das, dass die klimaschädliche Wirtschaftsweise solcher Staaten von den EH-Staaten subventioniert wird.

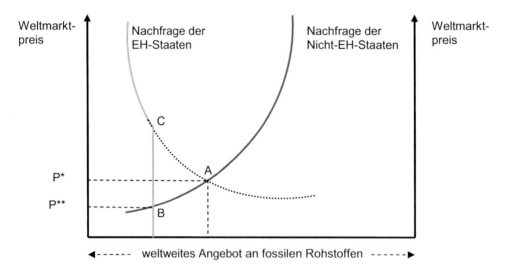

Abbildung 11: Leakage-Effekt durch Emissionshandel
Quelle: In Anlehnung an Sinn 2008: 413

Der einzige Lösungsweg, den Leakage-Effekt zu vermeiden, ist die Einführung einer globalen Klimaschutzpolitik mit einheitlichen Emissionsobergrenzen. Der Leakage-Effekt ist aber in seiner Praxisrelevanz für den Emissionshandel zu relativieren. Erstens ist das Auftreten der Leakage-Problematik nicht speziell mit dem Emissionshandel verbunden, sondern entsteht bei jeder nicht globalen Anwendung eines umweltpolitischen Instruments. Zweitens ist die beschriebene Wirkungsweise nur dann zu beobachten, wenn sämtliche anderen Einflussfaktoren auf den Rohstoffpreis konstant gesetzt werden[52]. Drittens sind für die Emissionsentwicklung der einzelnen Staaten viele Faktoren maßgeblich. Ebenso wie die Entwicklung der Rohstoffpreise spielen beispielsweise die Witterung und die Konjunkturentwicklung eine bedeutende Rolle (Endres 2007: 287 f.; DEHST 2008d: 12; DEHST 2009: 117 f.).

---

[52] Trotz der in den letzten Jahren vermehrten Klimaschutzanstrengungen vieler Länder sind die Preise für fossile Rohstoffe enorm gestiegen (Sinn 2008: 334).

4 Internationale Klimaschutzpolitik

4.1 Die UN-Klimarahmenkonvention

Da die Eigenschaften von Treibhausgasen den Klimaschutz zu einer globalen Herausforderung machen, ist die internationale Staatengemeinschaft zu dem Schluss gekommen, dass lediglich eine gemeinsame Klimapolitik den Klimawandel aufhalten kann. Dabei kann die UN-Klimarahmenkonvention (UNFCCC), die im Mai 1992 in Rio de Janeiro von über 150 Staaten verabschiedet wurde, als Ausgangspunkt der internationalen Klimapolitik bezeichnet werden. Die Klimarahmenkonvention ist völkerrechtlich bindend und seit 1994 in Kraft. Mittlerweile sind 192 Staaten, einschließlich der Europäischen Union, der Klimarahmenkonvention beigetreten[53]. Darin ist als oberstes Ziel im Art. 2 der UNFCCC formuliert worden, „die Stabilisierung der Treibhausgaskonzentrationen in der Atmosphäre auf einem Niveau zu erreichen, auf dem eine gefährliche anthropogene Störung des Klimasystems verhindert wird". Allerdings wird bei dieser Zielformulierung weder eine konkrete Reduktionsverpflichtung der Vertragsstaaten, noch ein Zielniveau der THG-Konzentration genannt (Schröder u.a. 2002: 254 ff.). Die UNFCCC teilt die Vertragsstaaten auf Basis ihrer Emissionsminderungsbemühungen in drei Hauptgruppen ein[54]:

1. **Annex I-Staaten**: Hierunter fallen Industrie- und Transformationsländer, die sich in der Klimarahmenkonvention unter anderem dazu verpflichtet haben, politische und praktische Maßnahmen zur Minderung der THG zu ergreifen[55].
2. **Annex II-Staaten**: Dieser Gruppe gehören nur Industrieländer aus Annex I an, die sich innerhalb der Klimarahmenkonvention verbindlich dazu bereit erklärt haben, Entwicklungsländer finanziell bei Emissionsminderungsmaßnahmen zu unterstützen. Desweiteren haben sie sich verpflichtet, den Ausbau von umweltschonender Technologie in Transformations- und Entwicklungsländern voranzutreiben[56].
3. **Non-Annex I-Staaten**: Hierbei handelt es sich um Entwicklungs- und Schwellenländer, die nicht zu den Annex I-Staaten zählen.

---

[53] Stand vom 11.04.2007. Eine Auflistung der Vertragsstaaten befindet sich in Anhang 1.
[54] (http://unfccc.int/parties_and_observers/items/2704.php; Abrufdatum 12.08.2009)
[55] Eine Auflistung der Annex I-Staaten befindet sich in Anhang 3.
[56] Eine Auflistung der Annex II-Staaten befindet sich in Anhang 4.

4.2 Das Kyoto-Protokoll

4.2.1 Reduktionsziele

Auf der UNFCCC basierend haben in den darauf folgenden Jahren mehrere Konferenzen der Vertragsstaaten stattgefunden. Dabei ging es vor allem um die Konkretisierung der Ziele der verabschiedeten Konvention und deren Umsetzung. Der eigentliche Meilenstein in der internationalen Klimapolitik wurde auf der 3. Vertragsstaatenkonferenz 1997 in Kyoto gesetzt. Dort wurde das sogenannte Kyoto-Protokoll (KP) verabschiedet[57]. Hierin haben sich die meisten Teilnehmer darauf verständigt, ihre Emission von Kohlenstoffdioxid und fünf weiteren Treibhausgasen[58] im Zeitraum vom 1. Januar 2008 bis zum 31. Dezember 2012 um durchschnittlich 5,2 Prozent, im Vergleich zu 1990 bzw. 1995[59], zu reduzieren. Um die Emissionsminderung der sechs KP-Treibhausgase vergleichbar und somit auf die Kyoto-Verpflichtungen anrechenbar zu machen, werden sie in CO_2-Äquivalente umgerechnet. Durch diese Art von „Wechselkurs" muss nicht für jedes THG ein separates Reduktionsziel vereinbart werden und die Vertragsstaaten können damit auch das THG reduzieren, das sich in seiner Minderung am kostengünstigsten darstellt. Alle Vertragsstaaten, die sich ein Treibhausgasreduktionsziel im KP durch das sogenannte Quantified Emission Limitation or Reduction Commitment (QELRO) gesteckt haben, werden als Annex B-Staaten bezeichnet[60]. Zu den Annex B-Staaten gehören nahezu alle Annex I-Staaten. Allerdings gibt es auch Länder, die zu den Annex B-Staaten zählen, aber keine Annex I-Staaten sind, und umgekehrt[61] (Endres 2007: 261; Schröder u.a. 2002: 123 ff.; Lucht / Spangardt 2005: 8).

Der von den Annex B-Staaten festgelegte Fünf-Jahres-Zeitraum zur THG-Reduktion wird als 1. Kyoto-Verpflichtungsperiode bezeichnet. Der Vorteil einer solchen Reduk-

---

[57] 184 Staaten, Stand 14. Januar 2009, haben das KP angenommen. Eine Übersicht der Vertragsstaaten befindet sich in Anhang 2.
[58] Diese sind in Annex A des KP festgelegt. Siehe hierzu Anhang 5.
[59] Im Art. 3 Abs. 8 des KP ist geregelt, dass für wasserstoffhaltige Fluorkohlenwasserstoffe, perfluorierte Kohlenwasserstoffe und Schwefelhexafluorid das Jahr 1995 als Basisjahr gilt. Für die restlichen THG gilt das Basisjahr 1990. Für die weitere Untersuchung wird aus Vereinfachungsgründen nur das Jahr 1990 genannt. Dabei gehen in die Berechnungsbasis für die bisher jeweils national ausgestoßene Emissionsmenge nicht die Emissionsquellen bzw. THG-verursachenden Wirtschaftssektoren ein. Vielmehr sind in Annex A des KP die Verursachergruppen Abfallwirtschaft, Produktionsprozesse, Flüchtige Emissionen von Brennstoffen, Energie, Verwendung von Lösungsmitteln und anderen Erzeugnissen festgelegt worden.
[60] Eine Auflistung der Annex B-Staaten befindet sich in Anhang 6.
[61] Im Sprachgebrauch und in der wissenschaftlichen Literatur werden die Bezeichnungen Annex I und Annex B oft nicht unterschieden (Endres 2007: 261).

tionsperiode gegenüber der Festlegung eines bestimmten Stichjahres besteht darin, dass die Wirkung von außergewöhnlichen Ereignissen und Einflüssen (zum Beispiel Witterungseinflüsse) gedämpft wird. Zudem wurde den verschiedenen wirtschaftlichen und umweltpolitischen Verhältnissen in den jeweiligen Staaten Rechnung getragen, indem das Gesamtreduktionsziel von 5,2 Prozent unterschiedlich aufgeteilt wurde. Das heißt, dass für die einzelnen Staaten individuelle Reduktionsverpflichtungen gelten[62]. Darüberhinaus erlaubt das KP den Staaten sich zu einer Zielgemeinschaft, einer sogenannten "Bubble" zusammen zu schließen, bei der sie ihre einzelstaatlichen Reduktionsverpflichtungen aggregieren und als gemeinschaftliches Ziel erfüllen. Durch einen solchen Zusammenschluss können bei Anwendung von politischen Maßnahmen, die eine kosteneffiziente Emissionsminderung innerhalb dieser Gemeinschaft ermöglichen, die Mitglieder von reduzierten Transaktionskosten profitieren. Bis heute ist die Europäische Union bzw. sind die 15 Staaten, die 1990 der EU angehörten (EU-15), der einzige Länderzusammenschluss, der von der Möglichkeit der Bubble-Bildung Gebrauch macht[63]. Hierbei hat die EU-15 das verbindliche Ziel einer gemeinsamen Emissionsminderung in Höhe von acht Prozent übernommen. Die unterschiedliche Verteilung des Kyoto-Reduktionsziels zeigt sich deutlich durch den Vergleich zwischen dem achtprozentigen Minderungsziel der EU und der Erlaubnis einer zehnprozentigen Emissionszunahme für Island (Janssen 2006: 14; Erling 2008: 11 ff.).

Auf Grund der vereinbarten Reduktionsziele dürfen die Staaten nur eine ganz bestimmte Menge an THG (Cap) emittieren. Dabei wird die jährlich bewilligte Menge an Emissionen bzw. werden die einem Staat zugeteilten Emissionsrechte als Assigned Amount (AA)[64] bezeichnet. Der Assigned Amount entspricht der Emissionshöhe des Jahres 1990 bzw. 1995 abzüglich der eingegangenen Minderungsverpflichtung (AA = Emissionen1990/1995 * (1 - Reduktionsverpflichtung in %))[65]. Die jeweiligen

---

[62] Siehe Anhang 6.
[63] Die 27 Mitgliedsstaaten der heutigen EU haben kein gemeinsames Emissionsreduktionsziel im Rahmen des Kyoto-Protokolls. Allerdings haben sich die nach Vertragsabschluss neu hinzugekommen EU-Mitgliedsländer individuell bereits im KP zu einem Reduktionsziel von 8 Prozent verpflichtet. Ausnahme von diesen 8 prozentigen Reduktionsvereinbarungen bilden Malta, Zypern, Polen und Ungarn (Sinn 2008: 65). Der Vereinfachung halber wird im weiteren Verlauf dieses Buches nur von EU, EU-15 oder EU-Mitgliedsstaaten gesprochen.
[64] Das jedem Staat zugewiesene Emissionsbudget (AA) bezieht sich auf den Korb aller KP-THG und wird in CO_2-Äqui. angegeben.
[65] Ein Beispiel soll die Zuteilungsberechnung verdeutlichen: Ein Annex B-Land hat Emissionen per Basisjahr 1990/1995 in Höhe von 1.210 Mio. t CO_2-Äqui. Laut Kyoto-Protokoll muss es eine Re-

Emissionsrechte heißen analog dazu Assigned Amount Unit (AAU). Ein AAU entspricht dabei einer Tonne CO_2-Äquivalent (t CO_2-Äqui) (UBW 2005: 11 f.).

Für die ehemaligen Ostblockstaaten ergibt sich bei dieser Art der Zuteilungsberechnung eine Besonderheit. Denn durch den wirtschaftlichen Zusammenbruch bzw. das Schrumpfen der industriellen Produktion seit dem Jahr 1990 in diesen Ländern und dem damit verbundenen Emissionsrückgang unter das Niveau des Basisjahres[66], sind den Ostblockstaaten mehr AAUs zur Verfügung gestellt worden, als sie für ihre Reduktionsverpflichtung benötigen. Die so verursachte Überallokation wird als „Hot Air" bezeichnet. Die Hot Air ermöglicht es somit diesen Staaten, bei Einführung eines Emissionshandels, die nicht benötigten AAUs an Länder zu veräußern, die ihr Reduktionsziel nicht ohne Zukauf von Emissionsberechtigungen erreichen. Dieses Mehrangebot an AAUs auf dem EH-Markt kann zwar Einfluss auf den AAU-Preis haben, das festgelegte Kyoto-Gesamtreduktionsziel wird aber durch die Hot Air nicht beeinflusst und hat somit auch keine ökologisch negativen Auswirkungen (Endres 2007: 261; Baumann 2006: 89; Smajgl 2001: 8 ff.).

4.2.2 Flexible Mechanismen zur Zielerreichung

Um die im Kyoto-Protokoll vereinbarten Emissionsmengen einzuhalten, führen die Vertragsstaaten in ihren Ländern unterschiedliche umwelt- und energiepolitische Maßnahmen durch. Diese Maßnahmen betreffen hauptsächlich den Energie- und Industriesektor. Im Kyoto-Protokoll sind aber einheitliche Regelungen und Rahmenbedingungen festgelegt worden, wie ein Teil der Emissionsminderungsziele erreicht werden kann und der Erfolg kontrolliert werden soll. Vor allem die nach der Verabschiedung des KP folgenden Vertragsstaatenkonferenzen[67] haben die Regelung der noch offenen Punkte des KP und die konkrete Ausgestaltung der zur Verfügung stehenden Instrumente zur Zielerreichung der sogenannten flexiblen Mechanismen gebracht (Endres 2007: 275; UBW 2005: 159; Lueg 2007: 4 f.). Es wird zwischen drei flexiblen Mechanismen unterschieden:

---

duktion seiner Emissionen in Höhe von 21 Prozent vornehmen. Somit ergeben sich für das Annex B-Land in den Jahren 2008 bis 2012, jährliche Zuteilungen von AAUs in Höhe von 956 Mio. t CO_2-Äqui (1.210 Mio. t CO2-Äqui * (1 - 0,21) = 956 Mio. t CO2-Äqui) (UBW 2005: 11 f.).

[66] So sind beispielsweise die Emissionen Russlands und der Ukraine um etwa 30 % seit 1990 geschrumpft (UBW 2005: 11).

[67] Beispielsweise die Vertragsstaatenkonferenzen in Bonn und in Marrakesch im Jahr 2001.

- Joint Implementation (nach Art. 6 KP)
- Clean Development Mechanism (nach Art. 12 KP)
- Internationaler Handel mit Emissionsrechten (nach Art. 17 KP)

Der flexible Mechanismus des Joint Implementation (JI) erlaubt es Annex B-Staaten, emissionssenkende Investitionen bzw. Projekte in anderen Annex B-Staaten durchzuführen. Somit können Emissionsminderungsmaßnahmen am kostengünstigsten Ort durchgeführt werden. Das JI ist nach dem Baseline and Credit-System aufgebaut. Das heißt, dass sich das projektdurchführende Land die durch das Projekt zusätzlich (gemessen an einer Referenzentwicklung) eingesparten bzw. geminderten Emissionen durch eine offiziell anerkannte Institution zertifizieren und gutschreiben lassen kann. Die zertifizierten Emissionsreduktionsgutschriften heißen Emission Reduction Unit (ERU). Obwohl es ab dem Jahr 2000 gestattet ist, JI-Projekte durchzuführen, ist eine Generierung und Anrechnung von ERUs erst ab dem Jahr 2008 möglich[68]. Durch die Generierung von ERUs kann das projektdurchführende Land mehr emittieren als ihm ursprünglich durch das KP zugestanden wurde. Um das globale Emissionsziel nicht zu verfehlen, werden im Gegenzug dem Emissionsbudget des Projektgastgeberlandes die zusätzlich entstandenen Gutschriften abgezogen. Dadurch bleibt in der Summe das Emissionsvolumen gleich (Fuhr / Zenke 2006: 11 f.; UBW 2005: 501; Erling 2008: 15).

Ebenfalls nach dem Baseline and Credit-System funktioniert der Clean Development Mechanism (CDM). Im Allgemeinen ist der CDM ähnlich wie der JI aufgebaut. Allerdings ist der CDM ein Instrument, das sowohl die nachhaltige Entwicklung in Entwicklungs- und Schwellenländer (die keine Annex B-Staaten sind) fördern als auch die Senkung der Treibhausgasemissionen unterstützen soll. Konkret bedeutet das, dass beim CDM ein Annex B-Land ein Klimaschutzprojekt in einem nicht Vertragsland durchführen kann. Dabei können die durchgeführten Projekte zwar in ihrer Ausgestaltung ähnlich wie JI-Projekte sein, sie sollen aber nicht nur zu THG-Reduktion führen, sondern explizit auch die nachhaltige Entwicklung in den Projektgastgeber-

---

[68] Für JI-Projekte, die von 2000 bis 2008 durchgeführt werden, ist es möglich, einen Forward auf ERUs mit dem Projektgastgeberland abzuschließen. Für eine vertiefende Erläuterung siehe UBW 2005: 501 ff..

ländern unterstützen[69]. Es handelt sich also beim CDM um so etwas wie ein "klimafreundliches Entwicklungsprojekt". Die durch die Projekte "zusätzlich" eingesparten bzw. geminderten Emissionen bringen den Annex B-Staaten, nach einer Zertifizierung durch eine offiziell anerkannte Institution, ebenfalls Reduktionsgutschriften ein. Diese heißen Certified Emission Reduction (CER). Im Art. 12 KP ist festgelegt, dass es rückwirkend ab dem Jahr 2000 möglich ist, CERs aus entsprechenden CDM-Projekten zu generieren und diese für die erste Verpflichtungsperiode anzusparen. In der ökologischen Wirkung sind CDM-Projekte von JI-Projekten zu unterscheiden. Denn die Non-Annex B-Staaten haben keine nach dem Kyoto-Protokoll verpflichtenden THG-Reduktionsziele und besitzen somit auch kein Emissionscap. Dadurch wird die durch das CDM-Projekt erzeugte Menge an Emissionsgutschriften dem projektfinanzierenden Staat angerechnet, ohne dass diese vom "nicht vorhandenen Emissionsbudget" des Gastgeberlandes abgezogen wird. Die Konsequenz wäre eine Erhöhung der globalen Emissionsmenge. Um dies zu verhindern, sind die Baseline-Anforderungen deutlich höher als bei JI-Projekten, sodass die sogenannte "Zusätzlichkeit" der Emissionsminderung bei der CDM-Projektdurchführung viel deutlicher im Vordergrund steht (UBW 2005: 348 ff.; Endres 2007: 262; Fuhr / Zenke 2006: 12).

In Artikel 6 Abs. 3 und Artikel 12 Abs. 9 des KP ist festgelegt, dass die Teilnahme am CDM und JI außer den Annex B-Staaten auch privaten und öffentlichen Einrichtungen aus den Annex B-Staaten unter den festgelegten Richtlinien offen steht. Da es sich bei den flexiblen Mechanismen CDM und JI um projektbezogene Instrumente handelt, werden sie auch projektbasierte Mechanismen genannt (Janssen 2006: 15).

Eine weitere Möglichkeit für Annex B-Staaten, Emissionsreduktionsgutschriften zu generieren, liegt in der Durchführung von sogenannten Senkenprojekten. Als Senke wird in diesem Zusammenhang die zeitlich befristete[70] Bindung und Speicherung von Kohlenstoff in beispielsweise Wälder und Böden verstanden. Senkenprojekte zählen nicht als separater flexibler Mechanismus des Kyoto-Protokolls. Sie können sowohl im Inland als auch im Ausland durchgeführt werden. Im Ausland durchgeführte Projekte gelten als JI- und CDM-Projekte und führen somit zu ERUs bzw. CERs. Wenn

---

[69] Beispielsweise können dies Projekte zur Reduktion der Abhängigkeit von Brennstoffimporten sein, oder solche, die einen Technologietransfer in die Non-Annex B-Länder mit sich bringen (Endres 2007: 262).

[70] Der gebundene Kohlenstoff wird beim Zerfall von Pflanzen wieder frei (UBW 2005: 725).

ein CDM-Senkenprojekt als Aufforstungs- oder Wiederaufforstungsmaßnahme realisiert wird, entstehen je nach Nachhaltigkeit der THG-Minderung entweder temporary CER (tCER) oder longterm CER (lCER). Diese zwei Zertifikatstypen unterscheiden sich in ihrer zeitlichen Gültigkeit als Emissionsminderungsgutschrift. Bei im Inland durchgeführten Senkenprojekten entstehen Emissionsreduktionsgutschriften, die Removal Unit (RMU) genannt werden. Sie können auf die Kyoto-Verpflichtungen angerechnet werden, unterliegen aber in der ersten Kyoto-Verpflichtungsperiode gewissen Einschränkungen bezüglich ihrer Anrechenbarkeit[71] (Fichtner 2005: 20; Smajgl 2001: 9).

Der internationale Handel mit Emissionsrechten stellt unter den flexiblen Mechanismen das zentrale Element dar und ist nach dem Cap and Trade-Prinzip aufgebaut. Es ermöglicht den Annex B-Staaten, die ihnen durch das KP zugestandenen und nicht benötigten Emissionsrechte an andere Annex B-Mitglieder zu veräußern. Die Handelsperiode fällt zeitlich mit der ersten Kyoto-Verpflichtungsperiode zusammen. In der Vertragsstaatenkonferenz von Marrakesch[72] wurde beschlossen auch Unternehmen, nach Autorisierung durch den Vertragsstaat, am internationalen Emissionsrechtehandel teilnehmen zu lassen. Somit können Annex B-Länder und Unternehmen sowohl unter- als auch miteinander handeln. Allerdings entscheidet jeder Staat selbständig darüber welche THG für Unternehmen zum Handel zugelassen sind. Generell verbleibt die Verpflichtung und Verantwortung für die Einhaltung des jeweiligen Emissionscaps bei dem Vertragsstaat. Denn der internationale Emissionsrechtehandel ist in erster Linie für den Handel mit THG auf Staatenebene konzipiert. Durch den Handel zwischen den Vertragsstaaten kommt es, wie bereits in Kapitel 3 erläutert, zu einer regionalen Verschiebung der Emissionsmengen. Die zulässige Gesamtmenge an Emissionen aller Handelspartner wird aber dadurch nicht überschritten (Janssen 2006: 19).

Den Annex B-Staaten ist es gestattet, die durch CDM oder JI erworbenen Emissionsminderungsgutschriften in den Handel einzubeziehen. Somit umfasst der internationale Emissionshandel nach KP einerseits den Handel mit den Emissionsgutschrif-

---

[71] Aus Vereinfachungsgründen wird in dieser Studie nicht weiter auf die unterschiedliche Ausgestaltung von Senkenprojekten eingegangen.
[72] Siehe Art. 17 Marrakesh Accords (http://unfccc.int/cop7/documents/accords_draft.pdf; Abrufdatum 10.10.2009).

ten CER, tCER, lCER, RMU und ERU und andererseits den Handel mit den internationalen Emissionsrechten AAU. Dabei entspricht ein Emissionszertifikat der Befugnis zur Emission einer Tonne CO_2-Äqui in einem bestimmten Zeitraum (Adam / Hentschke / Kopp-Assenmacher 2006: 111; Himmer 2005: 107). Die Abbildung 12 verdeutlicht das Zusammenspiel zwischen den flexiblen Mechanismen:

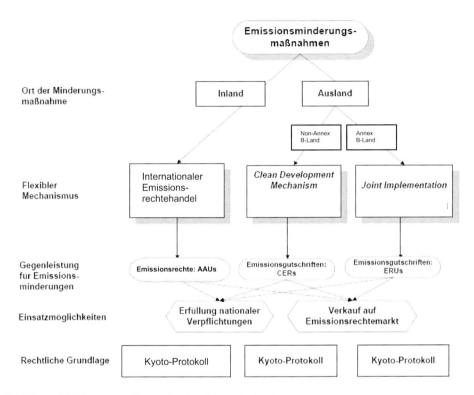

Abbildung 12: Zusammenhang der flexiblen Mechanismen
Quelle: In Anlehnung an UBW 2005: 16

Abschließend lässt sich nochmals hervorheben, dass das Besondere an den flexiblen Mechanismen ihre marktwirtschaftliche Ausgestaltung ist. Diese ermöglicht es, wie bereits in Kapitel 3 aufgezeigt, dass das gesteckte klimapolitische Ziel der Emissionsminderung auf dem kostengünstigsten Weg erreicht wird. Allerdings weist das KP in Art. 3 unter dem Begriff „supplementarity" auch darauf hin, dass die flexiblen Mechanismen nur ergänzend zu den nationalen Reduktionsanstrengungen eingesetzt werden sollen. Damit soll verhindert werden, dass sich die Annex B-Staaten von ihrer Verpflichtung, geeignete Maßnahmen zur Emissionsminderung im eigenen Land durchzuführen, entbinden (Himmer 2005: 106).

Sollte ein Annex B-Staat seine Emissionsreduktionsverpflichtung nicht einhalten, sieht das KP und die darauf aufbauenden Vereinbarungen keine Strafzahlung vor. Allerdings werden diesen Staaten die zu viel verbrauchten Emissionsrechte von einer möglichen Folgeperiode (also nach 2012), zuzüglich einer Wiedergutmachungsrate von 30 Prozent der emittierten THG, abgezogen. Als drastischere Strafe kann sogar das Verbot der Teilnahme am EH verhängt werden (Endres 2007: 275 f.; UBW 2005: 159).

4.3 Weltweite Emissionshandelssysteme

In den USA wird bereits seit den 1980er Jahren der Cap and Trade-Emissionsrechtehandel als umweltpolitisches Instrumentarium eingesetzt. Sein Anwendungsgebiet ist dort sehr vielfältig. So wird der Handel auf nationaler und bundesstaatlicher Ebene, beispielsweise im Bereich der Verbesserung der Luftqualität, im Gewässerschutz und im Flächenmanagement eingesetzt. Dabei ist das seit 1995 begonnene Zertifikatehandelssystem zur Reduzierung von Stickstoffoxid (NO_x) und Schwefeldioxid (SO_2) innerhalb des Acid Rain Programm dem Emissionsrechtehandel mit Treibhausgasen ähnlich (Betz 2003: 122 ff.; John / Rübbelke 2005: 60 f.). In dieser Untersuchung werden zur Abgrenzung von anderen Umweltproblemen lediglich die Emissionshandelssysteme betrachtet, die mit Klimaschutzbemühungen bzw. den Kyoto-Reduktionsvereinbarungen im Zusammenhang stehen.

Somit ist natürlich der bereits beschriebene internationale Emissionsrechtehandel nach Artikel 17 des KP zu nennen. Es besteht allerdings noch kein globales Emissionshandelssystem. Jedoch wurden bereits vor einigen Jahren Emissionshandelssysteme auf nationaler Ebene zum Zwecke des Klimaschutzes eingeführt. Vorreiter waren Dänemark im Januar 2001 und Großbritannien im April 2002; diese Staaten haben jeweils ein Handelssystem für CO_2-Emissionen implementiert. Aber nicht nur Staaten haben Projekte zum Emissionshandel gestartet, sondern auch einige Mineralölkonzerne, beispielsweise BP und Royal Dutch Shell, die einen internen CO_2-Emissionshandel betrieben haben. Diese privatwirtschaftlichen Pilotprojekte sowie der dänische und britische Vorstoß sind aber mittlerweile eingestellt worden und vom EU-Emissionshandelssystem (EU-ETS) abgelöst worden[73] (UBW 2005: 65 ff.; Er-

---

[73] Das britische CO_2-Handelssystem (UK Emission Trading Scheme) war branchenübergreifend konzipiert und bis Ende 2006 befristet. Anschließend wurde es wie das dänische Handelssystem, das

dmann / Zweifel 2008: 345). Das EU-ETS fußt auf einem im Oktober 2003 gefassten Beschluss der Europäischen Union, den Ansatz des internationalen Emissionsrechtehandels zu übernehmen und explizit auf Unternehmensebene zu übertragen. Die erste Handelsperiode begann am 1. Januar 2005 und endete am 31. Dezember 2007. Die zweite Handelsperiode ist identisch mit der ersten Verpflichtungsperiode gemäß dem KP (Fuhr / Zenke 2006: 18 f.; Himmer 2005: 109).

Aber auch außerhalb der Europäischen Union sind bereits einige funktionsfähige Emissionshandelssysteme zur Bekämpfung des Klimawandels entstanden, oder es bestehen konkrete Bemühungen, solche einzuführen (World Bank 2008: 7 ff.; Point Carbon 2008: 3 ff.; World Bank 2009: 23 f.):

- Das in der Schweiz, (vorerst) für den Zeitraum 2008-2012, geltende CO_2-Emissionshandelssystem ist auf freiwilliger Basis für den Energie- und Transportsektor eingeführt worden. Die Unternehmen dieser Sektoren können wählen, ob sie eine CO_2-Steuer bezahlen möchten oder am Emissionshandel teilnehmen. Dafür müssen sie dann eine verbindliche Vereinbarung zur Emissionsreduktion eingehen. Das Handelssystem erlaubt die Nutzung aller Kyoto-Mechanismen. Die Verknüpfung mit dem EU-ETS ist geplant.
- Im September 2007 hat Neuseeland angekündigt, ein Cap and Trade-Handelssystem (NZ-ETS) einzuführen, das sowohl alle Wirtschaftssektoren als auch alle sechs Kyoto-Treibhausgase einbezieht. Dabei werden die verschiedenen Sektoren schrittweise von 2008 bis 2013 integriert. Momentan werden Unternehmen der Bereiche Forstwirtschaft und flüssige fossile Energieträger abgedeckt.
- Australien hat das KP erst am 12.12.2007 ratifiziert und plant deshalb erst relativ spät die Einführung eines Emissionshandelssystems. Dabei soll der Handel erst am 01. Juli 2011 beginnen[74] und etwa 70 Prozent der in Australien Treibhausgas emittierenden Sektoren abdecken. Dabei ist eine Verknüpfung mit dem NZ-ETS geplant. Aufgrund seiner bedeutenden Kohleindustrie ist Australien unter den Industrieländern (im Verhältnis zur Bevölkerungszahl) einer der größten THG-Emittenten der Welt.

---

lediglich den Elektrizitätssektor abdeckte, im Jahr 2005 in das EU-Emissionshandelssystem integriert (UBW 2005: 179 f.).
[74] (http://www.co2-handel.de/article184_11508.html; Abrufdatum 02.08.2009)

- Allerdings hat der australische Bundesstaat New South Wales unabhängig vom Mutterland im Januar 2003 ein Emissionshandelssystem für den Elektrizitätssektor, das Greenhouse Gas Abatement Scheme (NSW-GGAS), eingeführt. Dabei handelt es sich nicht wie beim EU-ETS um ein Cap and Trade-System, sondern um ein Credit und Baseline-System, das heißt, es wird keine feste Emissionsobergrenze festgelegt.
- Die USA haben das KP nicht ratifiziert und verfügen nicht über ein nationales Emissionshandelssystem für Treibhausgase. Allerdings gibt es eine Reihe regionaler Initiativen. Hervorzuheben ist die Regional Greenhouse Gas Initiative (RGGI). Es handelt sich dabei um einen Zusammenschluss von zehn US-Bundesstaaten, die dieses Jahr ein regionales Emissionshandelssystem für CO_2-Emissionen, das nach dem Cap and Trade-Prinzip funktioniert, eingeführt haben. Außerdem ist noch auf das seit 2003 von der Chicago Climate Exchange betriebene Emissionshandelssystem (US-CCX) hinzuweisen. Neben CO_2 werden dort auch andere Treibhausgase berücksichtigt. Allerdings ist die Teilnahme an diesem EH-System freiwillig.
- Japan hat im Oktober 2008 einen Emissionshandel auf freiwilliger Basis für Unternehmen, die sich hauptsächlich innerhalb des Keidanren Voluntary Action Plan freiwillig zur CO_2-Reduktion verpflichtet haben, eingeführt. Ein funktionsfähiges verpflichtendes Handelssystem ist allerdings noch in der Planungsphase.
- Kanada plant ein Credit and Baseline-System, aber ohne Nennung eines konkreten Einführungszeitpunktes und bestimmter Ausgestaltungspunkte für eine Vernetzung mit anderen Handelssystemen.

Das weltweite Handelsvolumen auf dem "CO_2-Markt"[75] betrug im Jahr 2008 abgerundet 4,8 Milliarden t CO_2-Äqui (Vorjahr: 2,9 Mrd. / 2006: 1,6 Mrd.). Dies entsprach einem Gegenwert von etwas mehr als 126 Milliarden US-Dollar (Vorjahr: 63 Mrd. / 2006: 33 Mrd.) (Point Carbon 2008: 3 ff.; World Bank 2009: 1). Dabei hat der Emissions-

---

[75] Der Begriff CO_2-Markt wird weder in der wissenschaftlichen Literatur noch in der Praxis einheitlich verwendet. In dieser Studie umfasst der Begriff CO_2-Markt, den globalen Handel mit CO_2-Äqui Emissionszertifikaten und davon abgeleitete Finanzprodukte. Siehe hierzu auch Kapitel 5.4. Die angegebenen Daten des Emissionsrechtehandels beziehen sich auf die bedeutendsten Emissionshandelssysteme: EU-ETS, NSW-GGAS, US-CCX, RGGI und "Kyoto-Emissionshandelssystem".

rechtehandel innerhalb des EU-Emissionshandelssystems, als Teil des CO_2-Marktes, den Löwenanteil auf sich vereint (World Bank 2008: 7; World Bank 2009: 1):

- Handelsvolumen in Milliarden t CO_2-Äqui: fast 3,1 (Vorjahr: 2,06 / 2006: 1,1)
- Wert in Milliarden US-Dollar: 91,9 (Vorjahr: 49,1 / 2006: 24,4)

Dies ist, verglichen mit dem Jahr 2006, beinahe eine Verdreifachung des gehandelten Volumens an Emissionsrechten im EU-ETS und nahezu eine Vervierfachung des Handelswertes. Verglichen mit dem Jahr 2005 ergeben sich sogar nahezu neunmal so hohe Transaktionsvolumen und -werte (World Bank 2008: 7).

Sowohl an den beschriebenen Umsatzzahlen als auch in der Funktion als Pioniersystem für den Handel mit Treibhausgasen wird deutlich, welche tragende Rolle das EU-Emissionshandelssystem in den internationalen Klimaschutzbemühungen spielt. Aus diesem Grund ist es sinnvoll, den Emissionshandel in seiner Praxisanwendung am Beispiel des EU-ETS zu untersuchen.

5 Das Emissionshandelssystem der Europäischen Union

5.1 Rechtliche Rahmenbedingungen

Das am 31. Mai 2002 durch die EU ratifizierte Kyoto-Protokoll stellt einen Meilenstein für den EU-weiten Emissionshandel dar. Allerdings ist der Weg für ein Emissionshandelssystem in der EU bereits einige Zeit vor dem Abschluss des KP bereitet worden. Bereits am 8. März 2000 ist von der EU-Kommission das sogenannte "Grünbuch der EU zum Handel mit Treibhausgasemissionen in der Europäischen Union" veröffentlicht worden. Dieses stellt die Diskussionsgrundlage für einen EU-weiten Emissionshandel dar. Hierin finden sich Grundlageninformationen und Ausgestaltungspunkte für ein verpflichtendes europäisches Emissionshandelssystem. Die auf Basis des Grünbuchs erzielten Diskussionsergebnisse mündeten in den Entwurf der Richtlinie 2003/87/EG, die auch als EU-Emissionshandelsrichtlinie (EH-RL)[76] bekannt ist. Diese wurde am 13.10.2003 durch das europäische Parlament und den europäischen Rat verabschiedet. Mit der EH-RL ist die Einführung eines verpflichtenden Emissionshandels mit Treibhausgasen auf Unternehmens- bzw. Anlagenebene[77] als Instrument der europäischen Klimaschutzpolitik beschlossen worden. Die EU-Kommission begründet ihr Vorpreschen bei der Einführung eines Emissionshandelssystems damit, dass ein Wissens- und Erfahrungsvorsprung bei einem später einzuführenden internationalen Handelssystem von Vorteil ist. Zudem können durch ein EU-weites Emissionshandelssystem, etwa 20 Prozent der Kosten eingespart werden, die bei einzelstaatlichen Lösungen zur Erreichung der Reduktionsziele entstehen würden. Denn mit dem Emissionshandel soll, laut Art.1 der EH-RL, eine Verringerung von Treibhausgasemissionen „...auf kosteneffiziente und wirtschaftlich effiziente Weise..." erreicht werden. Dem EU-Emissions-handelssystem sind, Stand 30. September 2009, 30 europäische Staaten (27 EU-Mitglieder plus Island, Norwegen und Liechtenstein) angeschlossen (Point Carbon 2009: 7; World Bank 2008: 12; Baumann 2006: 27 ff.).

Die erste Handelsperiode des EU-ETS umfasst, einen Dreijahreszeitraum, an den sich eine fünfjährige Handelsperiode[78] und dann eine achtjährige Handelsperiode anschließt. Der Zeitraum der dritten Handelsperiode und die vorläufige Gesamtlauf-

---

[76] Siehe Anhang 7.
[77] Für die differenzierte Betrachtung von Unternehmen und Anlagen im EU-ETS siehe Kapitel 5.2.
[78] Die Zeitspanne und der Beginn der ersten Zwei Handelsperioden sind in der EH-RL Art.10 geregelt.

zeit des EU-ETS bis zum Jahr 2020 sind mit dem sogenannten "Climate action and renewable energy package"-Beschluss des EU-Parlaments vom 17. Dezember 2008 festgelegt worden. Dabei ist die Fortführung des EU-ETS bis zum Jahr 2020 losgelöst von der möglichen Einigung auf ein Kyoto-Nachfolgeprotokoll ab dem Jahr 2013 (Fuhr / Zenke 2006: 14 ff.; Hermeier 2007: 92).

Die EH-RL regelt die konkreten Ausgestaltungsmerkmale des europäischen Emissionshandelssystems. Unter anderem sind darin Regelungen zum Zuteilungsverfahren und zum Handel mit den europäischen Emissionsrechten, den sogenannten EU-Berechtigungen oder EU-Allowance (EUA) getroffen. Mit einem EUA ist die Befugnis zur Emission einer Tonne CO_2-Äqui in einer von der EH-RL bestimmten Handelsperiode[79] verbunden. Die EH-RL bedarf für ihre Anwendbarkeit in den einzelnen EU-Mitgliedstaaten, wie jede andere EU-Richtlinie der Umsetzung in nationales Recht[80]. Erst hieraus erwächst dann eine gesetzliche Verpflichtung für die Teilnehmer am EU-ETS bzw. die betroffenen Anlagenbetreiber. Dabei lässt die EU-Emissionshandelsrichtlinie den Mitgliedstaaten, gemäß dem Subsidiaritätsprinzip, wesentlichen Gestaltungsspielraum[81]. Somit kann die Ausgestaltung der nationalen Emissionshandelssysteme innerhalb des EU-weiten Systems unterschiedlich sein (Hermeier 2007: 90 ff.; Baumann 2006: 27 ff.; Fuhr / Zenke 2006: 18 ff.). Jedoch bestimmt die EH-RL für alle Handelssysteme, dass für die erste Handelsperiode lediglich CO_2-Emissionen berücksichtigt werden dürfen. Diese Entscheidung beruht auf der besonderen Bedeutung von CO_2 als Klimaschädiger[82] und der einfachen Mess- bzw. Berechenbarkeit von CO_2-Emissionen. Es werden dabei alle CO_2-Emissionen berücksichtigt, die energiebedingt, also aus der Verbrennung fossiler Rohstoffe, oder prozessbedingt[83] entstehen. Ab der zweiten Handelsperiode können über die sogenannte "Opt-In" Bestimmung auch die anderen fünf KP-THG und ihre Emittenten in das

---

[79] Siehe näheres unter Kapitel 5.2 und Kapitel 5.5.
[80] In Deutschland sind beispielsweise im Zuge der Umsetzung in nationales Recht zwei wichtige Gesetze erlassen worden: das Treibhausgasemissionshandelsgesetz (TEHG) und das Zuteilungsgesetz. Diese beiden legen die Rahmenbedingungen für den EU-Emissionshandel in Deutschland fest (BMU 2008: 6 f.).
[81] Beispielsweise existieren keine einheitlich verpflichtenden Regelungen bezüglich der teilnehmenden Anlagen am Emissionshandel und der Zuteilungskriterien der EUAs.
[82] Siehe Kapitel 2.1.
[83] Dies sind Emissionen, die nicht durch Verbrennung, sondern als Produkt einer chemischen Reaktion entstehen (UBW 2005: 112).

EU-ETS einbezogen werden[84]. Voraussetzung ist allerdings, dass die Emissionen korrekt bestimmt werden können. In der dritten Handelsperiode werden einheitlich die Treibhausgase Distickstoffoxid und perfluorierte Kohlenwasserstoffe in den Emissionshandel integriert (Janssen 2006: 24; Erling 2008: 18 f.; World Bank 2009: 9 f.). Ebenfalls für alle EU-Mitgliedstaaten bindend ist nach Art. 18 EH-RL die Benennung oder Einrichtung einer geeigneten Behörde, die die verwaltungstechnische Umsetzung der EH-RL durchsetzt und kontrolliert[85]. Diese Behörden haben eine jährliche Berichtspflicht über die Anwendung und den aktuellen Stand der Umsetzung der Emissionshandelsrichtlinie gegenüber der EU-Kommission (Adam / Hentschke / Kopp-Assenmacher 2006: 93 f.).

Wie bereits erwähnt, verpflichten sich die EU-Mitgliedstaaten durch das Kyoto-Protokoll, gemeinsam die anthropogenen Treibhausgase im Zeitraum von 2008 bis 2012 gegenüber dem Stand von 1990 um acht Prozent zu reduzieren. Dieses gemeinschaftliche Minderungsziel wird als EU-Bubble bezeichnet. Da die EU im Jahr 1990 4.250 Mio. t Treibhausgase emittierte, ergibt sich eine Verminderungsverpflichtung um 340 Mio. t CO_2-Äqui. Diese Reduktionsmenge ist in einer gesonderten Vereinbarung, genannt "Burden Sharing Agreement" oder Lastenteilungsvereinbarung, auf die einzelnen EU-15 Mitgliedstaaten in unterschiedlicher Höhe verteilt worden (Baumann 2006: 29). Die unterschiedlichen Minderungsziele nach dem Burden Sharing Agreement sind in Tabelle 3 aufgeführt (Sinn 2008: 65; Endres 2007: 284):

Zum Beispiel verpflichten sich Deutschland und Dänemark in der Lastenteilungsvereinbarung zu einer jeweils 21-prozentigen Emissionsminderung und tragen damit den Hauptteil des EU-Reduktionsziels. Für neu hinzugekommene und noch hinzukommende EU-Mitgliedstaaten gilt ein Reduktionsziel von acht Prozent[86]. Mit dieser differenzierten Aufteilung der Reduktionsquoten wurde eine Flexibilisierung für die Mitgliedsstaaten erreicht, die die unterschiedliche wirtschaftliche und umweltpolitische Situation der einzelnen Länder berücksichtigt.

---

[84] Die Opt-in Regel kann unter bestimmten Voraussetzungen bzw. Einschränkungen bereits ab dem Jahr 2005 angewendet werden. Siehe Artikel 24 EH-RL.
[85] In Deutschland beispielsweise ist für die Umsetzung des TEHG, und damit letztlich für die EH-RL, neben den jeweiligen Landesbehörden das Umweltbundesamt zuständig. Dabei übernimmt die Deutsche Emissionshandelsstelle (DEHST), die Teil des Umweltbundesamtes ist, die technische Umsetzung des Emissionshandels (Hermeier 2007: 99).
[86] Siehe auch Fußnote 63 in Kapitel 4.2.1.

Staat	Ziel (in %)
Belgien	- 7,5
Dänemark	- 21
Deutschland	- 21
Finnland	0
Frankreich	0
Griechenland	+ 25
Großbritannien	- 12,5
Irland	+ 13
Italien	- 6,5
Luxemburg	- 28
Niederlande	- 6,0
Österreich	- 13
Portugal	+ 27
Schweden	+ 4
Spanien	+ 15
Gesamt EU 15	**- 8**

Tabelle 3: Emissionsminderungsziele für EU-15 nach dem Burden Sharing Agreement
Quelle: In Anlehnung an John / Rübbelke 2005: 52

Im Climate action and renewable energy package verpflichtet sich die EU einseitig, das heißt unabhängig vom KP, zu einer 20-prozentigen Reduzierung ihrer THG-Emissionen (zum Basisjahr 1990) bis zum Jahr 2020[87] (World Bank 2009: 8).

Durch die am 13. November 2004 in der EU in Kraft getretene Linking Directive (LD) ist eine Verknüpfung der projektbezogenen Kyoto-Mechanismen CDM und JI mit dem EU-Emissionshandelssystem geschaffen worden. Wobei auch die Linking Directive in nationales Recht umgesetzt werden muss[88]. Mit der LD ist eine Anrechnung von CERs auf die Reduktionsverpflichtung mit dem Start des EU-ETS, also ab dem Jahr 2005 möglich. Die Anrechnung von ERUs ist erst ab dem Jahr 2008 erlaubt (Hermeier 2007: 95). Zur Anrechnung auf die Minderungsverpflichtung werden ERUs und CERs formal in EUAs, im Verhältnis 1:1, umgetauscht und dann sofort gelöscht. Die Linking Directive räumt jedem Mitgliedstaat das Recht ein, eigenständig darüber zu entscheiden wie viele Emissionsminderungsgutschriften aus JI- und CDM-

---

[87] Die EU hat angekündigt, dass sie im Falle eines internationalen Übereinkommens, die prozentuale Reduzierung der THG sogar auf insgesamt 30 Prozent bis zum Jahr 2020 erhöhen wird (http://www.europarl.europa.eu/sides/getDoc.do?language=DE&type=IM-PRESS&reference=2008 1208BKG44004; Abrufdatum 15.09.2009).

[88] In Deutschland ist dieses zum Beispiel durch das Projekt-Mechanismen-Gesetz (ProMechG) erreicht worden.

Projekten auf die jeweilige Reduktionsverpflichtung der Anlagenbetreiber angerechnet werden dürfen. Darüber hinaus ist geregelt, dass die Mitgliedstaaten den Anlagenbetreibern in der ersten Handelsperiode, unter Beachtung einiger Einschränkungen, eine unbegrenzte Nutzung von CERs genehmigen können. Ab der zweiten Handelsperiode ist eine Nutzungsgenehmigung von CERs und ERUs in Höhe eines bestimmten Prozentanteils der anlagenspezifischen Zuteilung mit Emissionsrechten möglich. Dieser Prozentanteil muss von jedem teilnehmenden Land in dessen sogenannten Nationalen Allokationsplan (NAP)[89] festgelegt sein. Die Mitgliedstaaten sollen dabei aber beachten, dass die projektbezogenen Mechanismen laut Kyoto-Protokoll die innerstaatlichen Bemühungen zur Emissionsminderung lediglich ergänzen sollen. Die EU-Kommission kann den Mitgliedsstaaten bei Nichterfüllung dieser Bedingung Vorschläge unterbreiten, die die ergänzende Verwendung der projektbezogenen flexiblen Mechanismen gewährleisten (Baumann 2006: 36 ff.; Fuhr / Zenke 2006: 17 f.; Erling 2008: 19).

In der EH-RL wird die Möglichkeit eingeräumt, zusätzlich zu den CDM- und JI-Projekten eine weitere Projektkategorie, die sogenannten Nationalen Ausgleichsprojekte oder Domestic Offset Projects einzuführen. Es handelt sich aber dabei nicht um einen im KP geregelten flexiblen Mechanismus. Nationale Ausgleichsprojekte sind vom Prinzip her als unilaterale JI-Projekte anzusehen. Das bedeutet, dass bestimmte Klimaschutzprojekte innerhalb eines Industrie- bzw. Transformationslandes von einheimischen Investoren durchgeführt werden. Dies soll eine weitere Flexibilisierung der Klimaschutzmöglichkeiten und eine Reduzierung der Risiken und Transaktionskosten bei Klimaschutzprojekten gestatten. Es fehlt aber bislang noch ein endgültiger Rechtsrahmen, der die Umsetzung und Anrechenbarkeit von Nationalen Ausgleichsprojekten im EU-ETS regelt (Fuhr / Zenke 2006: 17 ff.; BMU 2006: 28 f.; [90]).

---

[89] Siehe hierzu auch Kapitel 5.3.
[90] (http://www.energieagentur.nrw.de/Emissionshandel/page.asp?TopCatID=2177&CatID=2243&RubriID =2243; Abrufdatum 29.09.2009)

5.2 Teilnehmerkreis und Ausgestaltung des Emissionshandels auf Anlagenebene

Prinzipiell ist das EU-Emissionshandelssystem nicht auf einen bestimmten Teilnehmerkreis beschränkt. Denn Artikel 19 der EH-RL räumt „jeder Person" das Recht auf Besitz und Handel von Emissionszertifikaten ein. Generell gilt, wie bereits erwähnt, dass je höher die Teilnehmerzahl am Emissionshandel ist, desto mehr Handel mit Emissionszertifikaten ist zu erwarten. Dies führt zu einer erhöhten Marktliquidität und dadurch zu aussagekräftigen und schwerer manipulierbaren Zertifikatspreisen. Um aber im Speziellen festzulegen, welcher Teilnehmerkreis in das EU-ETS integriert werden soll, gibt es bei dem THG Kohlendioxid zwei Ansatzpunkte[91] (Betz 2003: 47; Fuhr / Zenke 2006: 16). Diese unterscheiden sich durch die Überlegung, wer die Emissionsberechtigungen vorhalten muss (UBW 2005: 79 f.):

- Beim Upstream-Ansatz sind dies die Brennstofferzeuger, -importeure und -lieferanten
- Beim Downstream-Ansatz sind dies die tatsächlichen Emittenten, dazu zählen die Industrie, Strom- und Wärmeerzeuger, Transportunternehmen, Betreiber von Kleingewerben, die Anbieter von Dienstleistungen, PKW-Fahrer und Haushalte

Bei beiden Ansätzen muss entschieden werden, ob alle Sektoren tatsächlich integriert werden sollen, oder ob dies aus Praktikabilitäts- und Kostengründen nur auf einige beschränkt wird. Beim Downstream-Ansatz muss desweiteren noch geklärt werden, ob die CO_2-Emissionen aus der Strom- und Wärmeproduktion zu einer Verpflichtung der Endverbraucher oder der Strom- und Wärmeproduzenten führen soll. Dabei treten die Endverbraucher als "indirekte" Verursacher der Emissionen auf und die Strom- und Wärmeproduzenten als "direkte" Verursacher der Emissionen. Diese Unterscheidung erklärt sich dadurch, dass Emissionen beispielsweise bei der Stromproduktion und nicht beim Strombezug erzeugt werden (Betz 2003: 46 ff.).

Die Emissionshandelsrichtlinie berücksichtigt den Downstream-Ansatz nach dem direkten Verursacherprinzip. Das führt dazu, dass weder die Lieferanten von Brenn-

---

[91] Wie es sich bei den anderen KP-THG darstellt, wird hier aus Vereinfachungsgründen nicht betrachtet.

stoffen für die Strom- und Wärmeerzeugung, noch die Endverbraucher in das EU-ETS eingebunden werden. In das EU-ETS sind bis jetzt nur „große industrielle" CO_2-Emittenten[92] und die Energiewirtschaft[93], dabei handelt es sich um Kraftwerke ab einer Leistung von 20 Megawatt, integriert (Hermeier 2007: 91). Im Anhang I der EH-RL sind die in den Anwendungsbereich des EU-ETS fallenden Sektoren im Detail aufgeführt. Dazu gehören die energieintensiven Bereiche:

- Energieumwandlung und –umformung
- Eisenmetallerzeugung und –verarbeitung
- Mineralverarbeitende Industrie
- Sonstige Industriezweige (Papier- und Zelluloseproduktion)

Mit der Richtlinie 2008/101/EG des Europäischen Parlaments und Rates vom 19. November 2008 wurde beschlossen, den Luftverkehr[94] ab dem 01. Januar 2012 mit in den Handel mit Treibhausgasemissionszertifikaten zu integrieren. Mit Start der dritten Handelsphase werden die Sektoren Aluminum und Chemie einbezogen[95].

Das EU-ETS ist ein sogenanntes "anlagenbasiertes" System. Das bedeutet, dass die einzelnen Produktionsanlagen und nicht gesamte Unternehmen integriert werden[96]. Anlagen, die unter anderem zu Forschungszwecken oder zur Entwicklung und Prüfung neuer Produkte und Verfahren dienen, werden nicht unter die Bestimmungen der EH-RL gestellt. Die bisherige Beschränkung im EU-ETS auf nur einige CO_2-emittierende Sektoren bzw. Anlagen ist damit zu begründen, dass die Beteiligung

---

[92] Lediglich Frankreich und die Niederlande haben in der 2. Handelsphase N_2O-emittierende Anlagen mit in ihr Handelssystem einbezogen (World Bank 2008: 11).
[93] Der weltweite Energieverbrauch an fossilen Energieträgern ist für etwa 50 Prozent der THG-Emissionen verantwortlich. Damit ist er einer der Hauptverantwortlichen an dem menschenbeeinflussten Treibhauseffekt (Reiche 2005: 25 f.).
[94] Nach dem Energiesektor ist der Verkehrssektor zweitgrößter Emittent von CO_2. Es ist aber notwendig, die verschiedenen Verkehrsträger aufgrund ihrer unterschiedlichen Besonderheiten zu unterscheiden. Wobei der Luftverkehr wegen seiner steigenden Emissionen an Treibhausgasen Beachtung findet (Lueg 2007: 25). Schätzungen schreiben ihm jährliche Emissionen in Höhe von 220 Millionen t CO_2-Äqui zu (Point Carbon 2009: 31).
[95] Beschlossen im Zuge des am 17. Dezember 2008 vom EU-Parlament verabschiedeten "Climate action and renewable energy package" (World Bank 2009: 8). Es gibt auch Überlegungen, die Schifffahrt in das EU-ETS zu integrieren (Point Carbon 2009: 31).
[96] Aus Vereinfachungsgründen werden aber in diesem Buch die Bezeichnungen Unternehmen und Anlagen synonym verwendet.

aller CO_2-Emittenten, beispielsweise Haushalte, Kleinbetriebe[97] und Verkehr, mit zu hohen Transaktionskosten verbunden wäre. Die Transaktionskosten bestehen aus Einstiegs- und Teilnahmekosten[98] am Emissionshandel und senken die Möglichkeit der Betroffenen eine CO_2-Reduktion zu minimalen Kosten vorzunehmen. Allerdings sind die bisher nicht in das EU-ETS eingebundenen Sektoren für einen beachtlichen Kohlendioxidausstoß verantwortlich[99] (Fichtner 2005: 20 ff.; Betz 2003: 47 f.).

Die EH-RL bietet den Mitgliedsstaaten einen gewissen Spielraum bei der nationalen Entscheidung, welche Anlagen in das EU-ETS einbezogen werden sollen[100]. Die EU-Kommission kann aber bei allzu eigenwilligen nationalen Entscheidungen eingreifen und ihre Zustimmung verweigern. Für die erste EU-ETS Handelsperiode war es den Mitgliedsstaaten laut Artikel 27 EH-RL möglich, zertifikatpflichtige Anlagen und sogar ganze Branchen von ihrer Teilnahmepflicht zu befreien. Diese sogenannte "Opt-out" Bestimmung war aber nur nach Genehmigung durch die EU-Kommission und bei Erfüllung einer Reihe von Kriterien[101] durchsetzbar. Im Gegensatz zum Opt-out steht die bereits im vorherigen Kapitel erwähnte Opt-in Regelung. Denn zum Recht der Integration der anderen KP-THG und deren Emittenten in das EU-ETS, ab dem Jahr 2008, ist es den Mitgliedsländern bereits ab dem Jahr 2005 auch gestattet, CO_2-emittierende Anlagen bzw. Sektoren unter die Anwendung der EH-RL zu stellen, die normalerweise nicht darunter fallen würden. Allerdings müssen für die Durchsetzung der Opt-in Regel einige Kriterien[102] erfüllt sein und die EU-Kommission muss der Ausweitung des EU-ETS zustimmen. Mit der Opt-in Regelung soll den Mitgliedsstaaten ermöglicht werden ihre Emissionsreduktionsziele zu erreichen und Wettbewerbsverzerrungen zu vermeiden.

---

[97] Damit sind Betriebe gemeint, die die in der EH-RL Anhang 1, festgelegten Schwellenwerte der Produktionskapazität und -leistung unterschreiten (John / Rübbelke 2005: 67).

[98] Einstiegskosten sind beispielsweise Kosten für geeignete Systeme zur Erfassung der Emissionen. Teilnahmekosten sind zum Beispiel Kosten für die Verwaltung und Berichterstattung der Emissionen (Fichtner 2005: 20 f.).

[99] So sind zum Beispiel in Deutschland Haushalte mit etwa 15 Prozent, Kleinverbraucher mit circa 5 Prozent und der Verkehrssektor mit einem Anteil von ungefähr 22 Prozent für die nationale CO_2-Emissionsmenge verantwortlich (Fichtner 2005: 223).

[100] Dieser Spielraum ist vor allem durch die Interpretationsmöglichkeit der EH-Richtlinie gegeben. Dies zeigt sich im Speziellen bei den unterschiedlichen nationalen Definitionen von Feuerungsanlagen (UBW 2005: 88).

[101] Eine Voraussetzung dafür ist eine Emissionsminderung in gleicher Höhe durch andere Maßnahmen zu erreichen (alle Kriterien siehe Artikel 27 EH-RL).

[102] Zu diesen Kriterien gehören beispielsweise, dass die Überwachungs- und Berichterstattungsverfahren eingehalten werden (alle Kriterien siehe Art. 24 EH-RL).

Dem EU-ETS sind aktuell mehr als 10.500[103] Energie- und Industrieanlagen verpflichtend angeschlossen, die laut Hochrechnung, etwa 46 Prozent der gesamten EU CO_2-Emissionen des Jahres 2010 verursachen. Allerdings ist die Zahl der von der Richtlinie betroffenen Unternehmen niedriger, denn oft gehören mehrere Anlagen zu ein und demselben Unternehmen (Europäische Kommission 2008: 12). Diese Diskrepanz macht die Praktikabilität eines anlagenspezifischen Ansatzes gegenüber einem unternehmensspezifischen Ansatz beim Emissionshandel deutlich. Denn sollte es bei einem Unternehmen zu organisatorischen Veränderungen, wie beispielsweise zu einer Firmenfusion oder einer Abspaltung von Unternehmensteilen kommen, ist die eindeutige Zuordnung der EUAs nicht beeinträchtigt. Unternehmen ist es dabei gestattet ihre Emissionsrechte beliebig zwischen ihren jeweiligen Anlagen zu transferieren. Durch diesen internen Übertrag wird allerdings der Emissionshandel zwischen den Teilnehmern eingeschränkt bzw. reduziert, was den Markt weniger liquide macht (Fichtner 2005: 25 ff.).

Das europäische Emissionshandelssystem funktioniert nach einem zweistufigen Konzept aus „Genehmigung" und „Berechtigung". Das bedeutet, dass sich mit Beginn der ersten Handelsperiode die unter die EH-RL fallenden Anlagenbetreiber eine Genehmigung für die Emission von Kohlendioxid bei der jeweils zuständigen nationalen Behörde holen müssen. Die Genehmigung wird erteilt, wenn der Anlagenbetreiber sicherstellen kann, seine Emissionen zu überwachen und zu dokumentieren bzw. über seine Emissionen Bericht zu erstatten. Durch die Genehmigung entsteht dann die Berechtigung zur Emission von Treibhausgasen (Hermeier 2007: 93 f.). Dieses Recht ist aber laut Artikel 12 der EH-RL mit der Verpflichtung verbunden, für die Menge des Emissionsausstoßes des vorherigen Kalenderjahres eine entsprechende Anzahl von Emissionszertifikaten bis spätestens 30. April zu besitzen und der jeweiligen nationalen Behörde abzugeben.

Den Anlagenbetreibern derselben Branche wird durch den Artikel 28 der EH-RL die Möglichkeit eingeräumt, ihre Emissionsberechtigungen in einem gemeinsamen Anlagenfonds durch einen Treuhänder verwalten zu lassen. Dieses Vorgehen wird als "Pooling" bezeichnet. Hierbei erfolgt die Zuteilung der Gesamtmenge der Emissions-

---

[103] In Deutschland nehmen 1.665 Anlagen (Stand: 31.01.2008) verpflichtend am EU-ETS teil. Dies ist unter den Mitgliedsstaaten die höchste Anzahl von Anlagen (DEHST 2008f: 6).

berechtigungen an den Treuhänder. Dieser trägt dann aber auch die Verantwortung für die Einhaltung der Emissionsverpflichtungen und gegebenenfalls die Sanktionen[104] bei Verstößen. Durch Pooling können den Anlagenbetreibern Transaktionskostenvorteile und steuerliche Vorteile[105] erwachsen. Allerdings können Anlagenbetreibern durch das Pooling auch Nachteile bei der Gewinn- bzw. Kostenaufteilung entstehen, wenn sie im Verhältnis zu den anderen Poolmitgliedern über- bzw. unterdurchschnittlich viele Emissionsberechtigungen verkaufen könnten bzw. kaufen müssen (Adam / Hentschke / Kopp-Assenmacher 2006: 84 ff.; Fuhr / Zenke 2006: 15).

5.3 Allokation der Emissionsrechte - Primärmarkt

Der Handel mit Emissionsrechten im EU-ETS bedarf, bevor es starten kann, wie jedes andere Emissionshandelssystem, eine Zuteilung der Emissionsberechtigungen an die Handelsteilnehmer[106]. Dies wird als Verteilung auf dem Primärmarkt bezeichnet. In diesem Zusammenhang muss jeder Mitgliedstaat gemäß Artikel 9 der EH-RL für jeden Handelszeitraum eine Entscheidung über die zu verteilende Gesamtmenge an Emissionsberechtigungen, das sogenannte "Emissionsrechtebudget" (ER-Budget), und über das Zuteilungsverfahren treffen. Beide Informationen sind dann im sogenannten "Nationalen Allokationsplan" (NAP) festzuhalten und der europäischen Kommission spätestens 18 Monate vor Beginn der jeweiligen Zuteilungsperiode zur Genehmigung vorzulegen. Diese kann den nationalen Allokationsplan unter bestimmten Voraussetzungen ablehnen[107]. Die einzelnen NAPs bestehen aus einem Makroplan, in dem das nationale ER-Budget auf die verschiedenen Wirtschaftssektoren, die sechs KP-THG und auf einen Reservefonds verteilt wird. Die NAPs beinhalten aber auch einen Mikroplan, der die Zuteilung der EUAs auf der Anlagenebene regelt. Die Vorgehensweise bei der Erarbeitung des NAPs erfolgt also aus zwei Richtungen. Deshalb wird auch vom sogenannten "Top Down- und Bottom Up-Verfahren" gesprochen. Auf Basis des nationalen Allokationsplans werden dann die

---

[104] Siehe zur näheren Erläuterung der Sanktionsmaßnahmen Kapitel 5.6.
[105] Bei Transfers von EUAs innerhalb des Pools, anstatt zwischen den Anlagenbetreibern selbst, können den betreffenden Betreibern steuerliche Vorteile entstehen. Siehe zur näheren Erläuterung Adam / Hentschke / Kopp-Assenmacher 2006: 85.
[106] Siehe auch Kapitel 3.2.
[107] Zu einer Ablehnung wird es nur kommen, wenn die Anforderungen zur Erstellung des NAP gemäß EH-RL nicht erfüllt sind. Eine Anforderung ist die Übereinstimmung der maximalen Zuteilungsmenge an EUAs mit der Lastenteilungsvereinbarung. Eine Übersicht aller Anforderungen ist in Anhang III der EH-RL zu finden.

EU-Berechtigungen bis spätestens 28. Februar jeden Jahres an die Anlagenbetreiber ausgegeben. Dabei wird der jeweilige Jahresanteil der EUAs an der Handelsperiode zugeteilt[108] (Hermeier 2007: 101; Wagner 2007: 13 f.).

Obwohl die zu reduzierende Emissionsmenge für jedes EU-Mitgliedsland in der Lastenteilungsvereinbarung festgeschrieben ist, kann jeder Staat laut EH-RL im NAP selbst über die Menge der zuzuteilenden Emissionsberechtigungen entscheiden. Allerdings nur bis zum jeweiligen maximal zulässigen nationalen Gesamtemissionsvolumen. Durch die einzelstaatliche Entscheidungsfreiheit bezüglich der Höhe des ER-Budgets bleibt es den Mitgliedsländern überlassen, welche sonstigen Klimaschutzinstrumente sie auf innerstaatlicher Ebene anwenden, um das gesteckte nationale Reduktionsziel zu erreichen. Bei der Planung des ER-Budgets ist im Zuge des Makroplans der Reservefonds zu berücksichtigen, da er die Zuteilung von EUAs an neu hinzukommende Marktteilnehmer einbezieht. Die Menge an Emissionsrechten im Reservefonds wird vom ER-Budget abgezogen und steht damit den Bestandsanlagen nicht mehr zur Verfügung (Endres 2007: 285; UBW 2005: 100; Hermeier 2007: 94).

Die EH-RL lässt den Mitgliedsstaaten, innerhalb der ersten beiden Handelsperioden auch bei der Wahl des anzuwendenden Zuteilungsverfahrens einen gewissen Spielraum und erlässt nur Mindestgrenzen für eine Gratiszuteilung. So müssen in der ersten Zuteilungsperiode mindestens 95 Prozent und in der zweiten Zuteilungsperiode mindestens 90 Prozent des EH-Budgets gratis an die Anlagenbetreiber vergeben werden. Folglich können die einzelnen Zuteilungsverfahren innerhalb der EU-Mitgliedsstaaten voneinander abweichen und sowohl als Gratiszuteilung, Hybridzuteilung oder durch eine Auktion stattfinden[109]. Bei einer Versteigerung der EUAs gehen die Einnahmen an die jeweiligen Mitgliedsstaaten und dienen ihnen unter anderem für die Durchführung zusätzlicher Klimaschutzmaßnahmen (UBW 2005: 100; Hermeier 2007: 92). Auch bei der kostenlosen Zuteilung von Emissionsrechten an die

---

[108] Das ergibt in der ersten Handelsperiode eine jährliche Zuteilungsmenge von einem Drittel des ER-Budgets und in der zweiten Periode einen jährlichen Anteil von einem Fünftel (Hermeier 2007: 94).

[109] Siehe hierzu auch Kapitel 3.2. In den meisten EU-Ländern wurden die EUAs in der ersten Handelsperiode nach dem Zuteilungsprinzip des Grandfathering vergeben. Lediglich Irland, Dänemark, Ungarn und Litauen haben bis zu den erlaubten 5 Prozent der Emissionsrechte per Auktion zugeteilt. In der zweiten Handelsperiode haben bereits mehr Mitgliedsländer von der Auktionierung Gebrauch gemacht (Wagner 2007: 14).

jeweiligen Anlagen haben die Mitgliedsstaaten innerhalb des Mikroplans eine gewisse Entscheidungsfreiheit. Denn sie haben die Möglichkeit, zu wählen, ob die Gratiszuteilung auf Grundlage durchschnittlicher historischer Emissionen eines Basiszeitraumes oder auf Basis angemeldeter Emissionen[110] erfolgt. Ebenfalls räumt die EH-RL den Mitgliedsländern die Möglichkeit ein, Early Actions bei der Gratiszu-teilung zu berücksichtigen[111] (Wagner 2007: 13; Janssen 2006: 32).

Die Regelungen des NAP sind bestimmend dafür, ob ein Anlagenbetreiber zu den Gewinnern oder Verlierern des EU-ETS zählt. Denn da das ER-Budget feststeht, führt eine Mehrzuteilung an eine Branche bzw. Anlage automatisch zu einer geringeren Zuteilung für die anderen verpflichteten Branchen bzw. Anlagen. Die Anlagenbetreiber, die eine großzügige Zuteilung von EUAs erhalten, können die nicht benötigten Emissionsrechte verkaufen und einen Gewinn realisieren. Zudem bedingt der NAP die langfristige Planung der Handels- und Investitionsstrategien der Unternehmen (UBW 2005: 100; Lucht / Spangardt 2005: 106 f.).

Mit dem Beschluss des Climate action and renewable energy package erhält der Energiesektor mit Beginn der dritten Handelsperiode keine kostenlosen EUA-Zuteilungen mehr. Bei anderen Sektoren und der Luftfahrt ist geplant den Auktionierungsanteil für EUAs schrittweise auf 70 Prozent bis zum Jahr 2020 zu erhöhen. Allerdings erhalten die Carbon Leakage gefährdeten Sektoren, wie bereits gegenwärtig der Fall, auch weiterhin eine komplette Gratiszuteilung an EUAs. Die Versteigerungen der EUAs sollen ab 2013 für alle Anlagenbetreiber europaweit offen sein, das heißt dass EUAs von Betreibern aus jedem Mitgliedssaat ersteigert werden können (BMU 2008: 13 f.; World Bank 2009: 9; Point Carbon 2009: 7). In der dritten Handelsperiode wird darüberhinaus ein EU-weit einheitlicher Cap eingeführt. Damit wird es keine nationalen Allokationspläne mehr geben, sondern es kommt zu einer zentralen Vergabe der Emissionsrechte durch die europäische Kommission. Dabei wird der Cap jährlich um 1,74 Prozent zur Basis des Caps des Jahres 2010 reduziert. Findet in der zweiten Handelsperiode im jährlichen Durchschnitt noch eine EU-weite Gesamtallokation von 2,08 Milliarden EUAs pro Jahr statt, so ist diese auf 1,974 Milliarden EUAs im Jahr

---

[110] Diese Emissionsmenge bestimmt sich aus dem rechnerischen Produkt der Kapazität der Anlage, der erwarteten Auslastung und dem Emissionswert je erzeugter Produkteinheit der Anlage (Lucht / Spangardt 2005: 107).
[111] Siehe auch Kapitel 3.2.

2013 begrenzt. Somit ergibt sich eine schrittweise Reduktion der Gesamtallokation auf 1,72 Milliarden EUAs im Jahr 2020[112]. Dadurch ergibt sich im Jahr 2020 eine Emissionsreduktion von 21 Prozent zum Jahr 2005. All diese Harmonisierungsmaßnahmen dienen dazu, die nationalen Handelssysteme innerhalb des EU-ETS zu vereinheitlichen (World Bank 2009: 9; Point Carbon 2009: 7).

5.4 Handel mit Emissionszertifikaten - Sekundärmarkt

Nachdem die Primärallokation erfolgt ist, kann der eigentliche Emissionshandel auf dem sogenannten Sekundärmarkt beginnen. Wie bereits in Kapitel 3 beschrieben, dient der Handelsprozess dazu, nach Ausschöpfung aller wirtschaftlich und technisch tragfähigen Reduktionsmöglichkeiten die Zertifikateanzahl an die tatsächlich ausgestoßene Emissionsmenge anzupassen. Um aber effizient am Handelsprozess teilnehmen zu können, ist es notwendig, die mit dem Handel verbundenen Auflagen, die zur Verfügung stehenden Märkte und Zertifikate sowie die verfügbaren Handelsprodukte und -akteure zu kennen (Lucht / Spangardt 2005: 117 f.; Betz 2003: 52). Dieses Kapitel gibt einen Überblick über die wesentlichen Bestandteile des eigentlichen Handels mit Emissionszertifikaten.

5.4.1 Emissionshandelsregister

Emissionszertifikate existieren ausschließlich in elektronischer Form. Um also überhaupt einen Handel mit Emissionszertifikaten zu ermöglichen bzw. die mit den Emissionszertifikaten verbundenen Transaktionen durchführen und verwalten zu können, bedarf es eines elektronischen Buchführungssystems. Ein solches Buchführungssystem wird als elektronisches Emissionshandelsregister bezeichnet. Es funktioniert dabei ähnlich wie die Kundenkontoführung einer Bank, ergänzt um einige Eigenschaften eines Grundbuchs. Die "Grundbucheigenschaft" ergibt sich daraus, dass jedes Emissionszertifikat über eine Seriennummer verfügt. Dadurch kann innerhalb des Registers sowohl die Gültigkeit des Zertifikats überprüft werden als auch der Besitzer des jeweiligen Emissionszertifikats festgestellt werden. Diese eindeutige Identifikationsmöglichkeit gewährleistet, dass ein und dasselbe Zertifikat nur von einem Handelsteilnehmer gehalten wird. Zu betonen ist, dass ein Emissionshandelsregister

---

[112] Die Veröffentlichung der endgültigen jährlichen Caps für die dritte Handelsperiode findet am 30. September 2010 statt (World Bank 2009: 9).

keinen Handelsplatz darstellt, sondern nur der Buchhaltung dient. Anders ausgedrückt heißt das, dass das Register die Basis für einen transparenten Handelsprozess bildet, aber vom eigentlichen Handel getrennt ist (DEHST 2009: 100; Adam / Hentschke / Kopp-Assenmacher 2006: 151).

Im EU-ETS setzt die EH-RL die Verpflichtung für die EU-Mitgliedsstaaten zum Einrichten eines nationalen Emissionshandelsregisters in Artikel 19 fest. Die nationalen Register müssen zu den Anforderungen der Emissionshandelsrichtlinie auch internationale Anforderungen gemäß dem Kyoto-Protokoll[113] erfüllen. Deshalb bestehen die jeweiligen nationalen Register aus einer Vielzahl unterschiedlicher Kontenarten. Aufgrund der Registeranforderungen, die das KP stellt, sind auf internationaler Ebene drei Konten[114] nötig. Dort werden dann die Verbuchung der Primärallokation mit AAUs, die staatenübergreifenden Transaktionen und Transfers aller international handelbaren Emissionszertifikate[115] und die Stilllegung bzw. Löschung der Zertifikate vorgenommen. Gemäß den Vorgaben der EH-RL müssen die nationalen Register auf Ebene der Mitgliedstaaten fünf verschiedene Konten[116] führen. Diese verbuchen unter anderem jede Transaktion mit Emissionsminderungsgutschriften (Baumann 2006: 35; UBW 2005: 143; Adam / Hentschke / Kopp-Assenmacher 2006: 152 f.). Zusätzlich müssen die nationalen Register gemäß EH-RL zwei weitere Konten auf Ebene der Teilnehmer führen (Baumann 2006: 35; Janssen 2006: 33 f.):

- Zum Einen sind dies die "Operator Holding Accounts" für die Anlagenbetreiber, die aufgrund der nationalen Bestimmungen unter die EH-RL fallen. Auf diesen Konten erfolgt unter anderem die Verbuchung der an die Anlagenbetreiber am Anfang einer jeden Handelsperiode zugeteilten Emissionsrechte.

---

[113] Auf internationaler Ebene ist mit der Vertragsstaatenkonferenz von Marrakesch festgelegt worden, dass jedes Annex B-Land, das an den flexiblen Mechanismen des Kyoto-Protokolls teilnehmen möchte, ein nationales Emissionshandelsregister unterhalten muss. Um staatenübergreifende Transfers zu ermöglichen, wurde darüberhinaus bestimmt, dass die nationalen Register miteinander verbunden werden müssen (UBW 2005: 143; Adam / Hentschke / Kopp-Assenmacher 2006: 152 f.).
[114] Diese heißen: Party Holding Account, Retirement Account und Cancellation Account (Adam / Hentschke / Kopp-Assenmacher 2006: 152 f.).
[115] Dazu zählen, wie bereits erwähnt, AAUs, CERs, tCERs bzw. lCERs, RMUs, ERUs (UBW 2005: 140).
[116] Im Einzelnen sind das das Replacement Account, das Verified Emissions Table, das Surrendered Allowances, das Compliance Status Table und das National Allocation Plan Table. Für eine ausführliche Beschreibung der einzelnen Konten siehe UBW 2005: 143.

- Zum Anderen muss für jede natürliche oder juristische Person, die am EU-Emissionshandel freiwillig teilnehmen will, ein sogenanntes "Person Holding Account" eingerichtet werden.

Die nationalen Emissionshandelsregister müssen dafür Sorge tragen, dass die von den Anlagebetreibern bis spätestens am 30. April jeden Jahres aufgrund ihrer Emissionsmenge des Vorjahres vorzuhaltende Anzahl an Zertifikaten gelöscht wird. Ferner muss in den nationalen Registern jederzeit eine Löschung von Emissionszertifikaten möglich sein, wenn dies vom Zertifikatsbesitzer gewünscht wird. Die nationalen Register sind angehalten, am Ende einer Handelsperiode, den zuständigen nationalen Behörden die nötigen Informationen für eine Abrechnung der Zertifikate bereit zu stellen. Nicht für die Reduktionsverpflichtung verwendete Emissionsrechte werden vier Monate nach Ende der jeweiligen Handelsperiode ungültig und gelöscht (Art. 11 EH-RL; Art. 12 EH-RL). Die nationalen Emissionshandelsregister stellen durch eine genaue Verbuchung über die Vergabe, den Besitz, die Übertragung und die Löschung der Emissionszertifikate einen wesentlichen Beitrag zur Transparenz und Kontrolle des EU-Emissionshandelssystems dar.

Die nationalen Emissionshandelsregister der EU-Mitgliedstaaten sind durch ein zentrales Registrierungssystem, namens Community Independent Transaction Log (CITL) verbunden. Das Registrierungssystem wickelt zum Einen Transfers zwischen den einzelnen nationalen Registern ab und überprüft dabei die Gültigkeit der Zertifikate anhand der Seriennummer. Zum Anderen stellt es sicher, dass jedes Zertifikat jeweils nur in einem nationalen Register vorhanden ist. Ab der zweiten Handelsperiode sind die nationalen Register zusätzlich an das vom UN-Klimasekretariat betriebene zentrale Registrierungssystem International Transaction Log (ITL) angeschlossen. Ab dem Jahr 2008 werden die Transfers sowohl vom CITL als auch vom ITL überprüft und bestätigt (DEHST 2009: 100).

5.4.2 Übersicht über die Marktsegmente und handelbaren Emissionszertifikate

Wie bereits erwähnt wurde, dient das EU-ETS den EU-Mitgliedsstaaten als Instrument zur kosteneffizienten Erfüllung der KP-Emissionsreduktionsverpflichtungen. Es besteht aber keine Verbindung zwischen dem "Kyoto-Emissionshandelssystem" und dem EU-ETS. Denn die europäischen Emissionsberechtigungen können nur auf Reduktionsverpflichtungen innerhalb des EU-ETS angerechnet werden. Das EU-ETS stellt einen in sich geschlossenen Markt dar. Dabei setzt sich dieser Markt aus in ihrer Ausgestaltung uneinheitlichen nationalen Emissionshandelssystemen der EU-Mitglieder zusammen (Lucht / Spangardt 2005: 118 ff.). Aufgrund dieser unübersichtlichen Markt- bzw. Handelssystemfragmentierung ist eine zusammenfassende Übersicht über die bereits beschriebenen Zertifikatstypen bezüglich ihrer Handelbarkeit und Anrechenbarkeit auf die Reduktionsverpflichtungen hilfreich.

Generell können alle im Kyoto-Protokoll benannten Emissionszertifikate auf nationaler oder internationaler Ebene bzw. in beiden Handelssystemen gehandelt werden. Dabei bestehen keinerlei Mengenbeschränkungen. Allerdings räumt das KP jedem Staat den Freiraum ein, den Handel mit bestimmten Zertifikatstypen im eigenen Ermessen zu regeln. Dagegen wurde im EU-ETS festgelegt, dass ein uneingeschränkter Handel mit EUAs für alle natürlichen und juristischen Personen, die ein Betreiber- oder Personenkonto in einem Emissionshandelsregister eines EU-Mitgliedslandes haben, möglich ist. Mit dieser Bestimmung ist ein Handel von EUAs außerhalb des eigenen Handelssystems ausgeschlossen. Ab der zweiten EU-Handelsperiode ergibt sich bei Transfers von EUAs zwischen EU-Mitgliedsstaaten eine Besonderheit. Denn die Menge der national ausgegebenen EUAs berechnet sich auf Basis des jeweiligen Assigned Amount. Daraus ergibt sich, dass die EUAs bei staatenübergreifenden Transfers an die AAUs gekoppelt sind. Das heißt, dass beispielsweise bei Transfers von EUAs zwischen Unternehmen aus unterschiedlichen EU-Mitgliedsstaaten auch die entsprechende Menge an AAUs übertragen werden muss. Allerdings kann es hierbei zu Problemen mit den Bestimmungen des KP kommen, da die KP-Länder keine Emissionsrechte verkaufen bzw. übertragen dürfen, die sie zur Erfüllung ihrer staatlichen Reduktionsverpflichtung benötigen. Von Seiten des KP wird diesem Umstand dadurch Rechnung getragen, dass die Staaten dazu verpflichtet werden, eine bestimmte Anzahl an AAUs, die sogenannte Commitment Period Reserve (CPR)[117] zurückzuhalten. Dieser Bestimmung zur Reservehaltung muss auch im EU-ETS Rechnung getragen werden (BAFU 2007: 1 ff.; Fuhr / Zenke 2006: 45 f.; Fichte 2005: 27).

Auch bezüglich der Anrechenbarkeit von Emissionszertifikaten auf das Emissionsreduktionsziel von am EU-ETS verpflichteten Anlagenbetreibern ergibt sich ein differenziertes Bild. So können EUAs in unbegrenzter Höhe angerechnet werden, während dies für ERUs und CERs nur unter volumenmäßiger[118] Einschränkung möglich ist. Dagegen ist die Anrechenbarkeit von AAUs, RMUs, tCERs und lCERs auf die Emissionsreduktionspflicht, lediglich auf staatlicher Ebene im "Kyoto-Emissionshandelssystem" zugelassen (BAFU 2007: 1 ff.; Fuhr / Zenke 2006: 45 f.). In der ersten EU-Handelsperiode war es den EU-Mitgliedsstaaten nach bewilligtem Antrag durch die EU-Kommission möglich, einige Anlagen zusätzlich mit sogenannten Force-Major-Emissionsberechtigungen (FM-EUA) auszustatten. Dabei sind FM-EUAs nicht zum Handel zugelassen und ihre Ausgabe erfolgt nur bei Eintritt des Tatbestandes der "höheren Gewalt"[119] (Art. 29 der EH-RL). Tabelle 4 gibt einen Überblick über die Handel- und Anrechenbarkeit der beschriebenen Emissionszertifikate:

---

[117] Die Annex B-Staaten haben sich im KP dazu verpflichtet, in ihren nationalen Emissionshandelsregistern immer eine Mindestreserve an AAUs vorzuhalten. Dies soll verhindern, dass ein Annex B-Staat im Extremfall seinen kompletten Assigned Amount verkauft und aus dem KP aussteigt (UBW 2005: 573).
[118] Siehe Kapitel 5.1.
[119] Zu den Ereignissen der "höheren Gewalt" werden beispielsweise Naturkatastrophen, Sabotage und Terrorakte gezählt (UBW 2005: 145). FM-EUAs werden aufgrund ihrer beschränkten Bedeutung in dieser Untersuchung nicht weiter betrachtet.

Emissionszertifikat	Abkürzung	Anrechenbarkeit auf das Emissionsreduktionsziel		Handelbarkeit	
		EU-ETS	KP	EU-ETS	KP
Assigned Amount Unit	AAU	-	+	+	+
European Union Allowance	EUA	+	-	+	-
Certified Emission Reduction	CER	+	+	+	+
Temporary CER	tCER	-	+	+	+
Longterm CER	lCER	-	+	+	+
Removal Unit	RMU	-	+	+	+
Emission Reduction Unit (converted from AAU)	ERU	+	+	+	+
Emission Reduction Unit (converted from RMU)	ERU	-	+	+	+

Tabelle 4: Handel- und Anrechenbarkeit von Emissionszertifikaten
Quelle: In Anlehnung an BAFU 2007: 1

Die Grundidee hinter Emissionszertifikaten des "Kyoto-Emissionshandelssystems" und des EU-ETS ist die Möglichkeit der Anrechnung auf die Emissionsreduktionsverpflichtungen der Teilnehmer. Aus diesem Grund werden diese zwei Emissionshandelsmärkte unter dem Begriff Compliance Market bzw. "Verpflichtungsmarkt" zusammengefasst[120]. Zusätzlich zum Compliance Market besteht auch ein Voluntary Market, der in keinem Zusammenhang mit den Kyoto-oder EU-Verpflichtungen steht. In diesem Markt wird auf rein freiwilliger Basis agiert. Dieser "Freiwillige Markt" speist sich aus dem steigenden Interesse von Wirtschaftssubjekten, eine Emissionsreduktion außerhalb der verpflichtenden Vorgaben vorzunehmen. Dabei ist die grundlegende Überlegung dieser Marktteilnehmer[121], dass durch freiwillige Maßnahmen zur Emissionsreduzierung bzw. bei Durchführung oder Unterstützung von Klimaschutzprojekten eine THG-freisetzende Aktivität in seiner Klimawirkung kompensiert[122] wird. Bei diesen Klimaschutzprojekten werden nach dem Baseline and Credit-System, für eingesparte Emissionen Zertifikate erzeugt. Erfolgt eine Verifizierung der Emissions-

---

[120] Unter den Begriff Compliance Market fallen auch noch andere "verpflichtende" Emissionshandelssysteme, die aber aufgrund ihrer geringeren Relevanz hier nicht Gegenstand der Untersuchung sind. Siehe hierzu auch Kapitel 4.3.
[121] Hauptsächlich handelt es sich dabei um Unternehmen, Staaten, Privatpersonen oder Organisationen, die ihre emissionsverursachenden Aktivitäten (öffentlichkeitswirksam) "emissionsneutral" stellen wollen (DEHST 2008c: 11).
[122] Zu Unterscheiden sind hierbei die direkte Kompensation einer Treibhausgas freisetzenden Tätigkeit (z.B. Flugreise) und die Nutzung bzw. der Erwerb "klimaneutraler" Produkte und Leistungen. Beim letztgenannten handelt es sich um Waren bzw. Dienstleistungen, bei denen der Verkäufer bereits alle damit einhergehenden Treibhausgasemissionen kompensiert hat (DEHST 2008c: 5).

einsparung durch unabhängige Dritte gemäß ähnlichen Richtlinien wie der für CDM-Projekte, wird ein sogenanntes Verified Emission Reduction (VER) generiert[123]. Werden Zertifikate nicht durch einen unabhängigen Dritten verifiziert, entstehen sogenannte Emission Reductions (ERs)[124]. Anders als bei den KP-Projektmechanismen existiert bei Klimaschutzprojekten im Voluntary Market kein international einheitlicher Verifizierungsstandard und kein zentrales Anerkennungsverfahren (DEHST 2008c: 5 ff.; [125]). Nachdem die VERs oder ERs erzeugt sind, können sie auf dem Voluntary Market gehandelt werden.

Da der Freiwillige Markt keiner staatlichen Reglementierung unterliegt, ist die Werthaltigkeit der VER in Bezug auf ihre emissionsreduzierende Wirkung hauptsächlich von den zum Einsatz kommenden Richtlinien der verifizierenden Unternehmen abhängig. Grundsätzlich ist es für die freiwillige Kompensation von Treibhausgasen auch möglich, Emissionszertifikate auf dem Compliance Market zu kaufen und diese löschen zu lassen[126]. Allerdings erfreuen sich VERs aufgrund ihres im Vergleich geringeren Preises[127] einer höheren Beliebtheit. Dieser Preisunterschied ist damit zu erklären, dass VERs zum Einen geringere Transaktionskosten aufgrund eines vereinfachten Generierungsverfahrens bzw. eines fehlenden offiziellen Zertifizierungsprozesses haben und zum Anderen nicht in "direkter Konkurrenz" zu Zertifikaten des Compliance Market stehen. Denn VERs können ausschließlich für die freiwillige Kompensation eingesetzt werden und sind vom Verpflichtungsmarkt ausgeschlossen (Lucht / Spangardt 2005: 120; DEHST 2008c: 11; Fuhr / Zenke 2006: 45 ff.). In Abbildung 13 wird die Aufteilung zwischen Voluntary Market und Compliance Market, im Bezug auf die handelbaren Emissionszertifikate veranschaulicht:

---

[123] Abhängig von dem angesetzten Standard zur Beurteilung der Qualität des Klimaschutzprojekts, wird unter anderem zwischen VER+, Gold Standard VER und VCS (Voluntary Carbon Standard) unterschieden (http://climatepartner.wordpress.com/2009/08/16/klimawissen-teil-2/; Abrufdatum 23.09.2009; DEHST 2008c: 17; World Bank 2008: 41). Zur Vereinfachung wird im nachfolgenden nur von VERs gesprochen.

[124] ERs spielen im Vergleich zu VERs in der Praxis aber nur noch eine untergeordnete Rolle. Dies liegt an dem seit einigen Jahren gestiegenen Verlangen der Nachfrager nach bestimmten Qualitätsstandards für Kompensationsprojekte (DEHST 2008c: 11). Aus diesem Grund wird im nachfolgenden nur von VERs gesprochen.

[125] (http://climatepartner.wordpress.com/2009/08/16/klimawissen-teil-2/; Abrufdatum 23.09.2009)

[126] Eine weiterführende Erläuterung dieser Vorgehens- und Funktionsweise befindet sich in Anhang 8 und DEHST 2008c: 1 ff..

[127] Da es keine einheitlichen Standards für VERs gibt, variiert der Preis in Abhängigkeit vom angesetzten Verifizierungsstandard. Im Jahr 2007 war für den überwiegenden Teil der VERs eine Preisspanne von 1 Euro - 15 Euro zu beobachten (World Bank 2008: 41 ff.; Lucht / Spangardt 2005: 120).

Compliance market		Voluntary market
CDM primary market CDM secondary market JI other	**Project based markets**	VERs, other Emissionsminderungs- gutschriften des compliance market
EUAs, AAUs, other*	**Allowance based markets**	EUAs, AAUs, other*

* Emissionsrechte anderer Emissionshandelssysteme
Abbildung 13: Marktsegmente des Emissionshandels
Quelle: Eigene Darstellung

Wie der Abbildung 13 entnommen werden kann, ist der Markt für CDM-Zertifikate in zwei Teilmärkte aufgegliedert (World Bank 2008: 3; World Bank 2009: 1 ff.; Barclays Capital 2008: 3):

- CDM primary market: Dies stellt das Marktsegment dar, bei dem noch nicht von der UNFCCC zertifizierte CERs per Termingeschäft direkt vom Projektinitiator gekauft werden[128]. Sie werden als primary CER (pCER) bezeichnet und tragen das Projektrisiko[129] mit.
- CDM secondary market: Hier werden Kassa- und Termingeschäfte über CERs nicht direkt mit dem Projektinitiator, sondern mit einem Handelsintermediär abgewickelt (beispielsweise einem Broker oder einer Bank). Diese sogenannten secondary CER (sCER) sind entweder schon von der UNFCCC zertifiziert oder werden von dem Handelsintermediär mit einer Liefergarantie[130] ausgestattet und dem Endkunden als sogenanntes garantiertes CER (gCER) angeboten. Da die sCERs durch den Ausschluss des Projektrisikos ein geringeres Gesamtrisiko verbriefen als nicht zertifizierte pCERs, werden sie auch zu ei-

---

[128] Wie bereits erwähnt, kommt es lediglich zur Ausstellung von Emissionsminderungsgutschriften, wenn ein Klimaschutzprojekt durchgeführt und seine Emissionsminderungskapazität verifiziert wurde. Ist das Projekt bzw. die Verifizierung noch nicht vollständig abgeschlossen, besteht nur indirekt die Möglichkeit, mit diesen Emissionsminderungsgutschriften zu handeln, und zwar in Form von Termingeschäften (Fuhr / Zenke 2006: 45ff.).

[129] Zu solchen Projektrisiken zählen beispielsweise Länder- und Währungsrisiken. Siehe für eine ausführlichere Aufstellung von Projektrisiken Lucht / Spangardt 2005: 220 ff..

[130] Diese Liefergarantie deckt alle Projekt- und Lieferrisiken ab. Der Risikoabsicherung sind theoretisch keine "Grenzen" gesetzt. Die Handelsintermediäre können den Endkunden aus der kompletten Dienstleistungspalette zur Risikoübernahme Produkte (z.B. Swaps) konstruieren und anbieten (World Bank 2008: 3).

nem höheren Preis notiert. Auf dem secondary market finden hauptsächlich Transaktionen ähnlich derjenigen auf dem Finanzmarkt statt. Das bedeutet, es handelt sich dabei um Handelsaktivitäten zum Zwecke des Hedging, der Arbitrageausnutzung und der Liquiditäts- und Performanceverbesserung. Diese Transaktionen führen anders als der Handel mit pCERs nicht direkt zu einer Emissionsreduktion.

Eine Aufstellung der projektbasierten Handelsaktivitäten in den Jahren 2007 und 2008 ist der Tabelle 5 zu entnehmen (World Bank 2009: 32):

Auffällig ist das enorme Wachstum des Handelsvolumens und -wertes im secondary market von 350 Prozent im Jahr 2008. Dies stellt die höchste Wachstumsrate innerhalb der projektbasierten Teilmärkte des CO_2-Marktes dar[131].

	2007		2008	
	Volumen in Millionen t CO_2-Äqui	Wert in Millionen US-$	Volumen in Millionen t CO_2-Äqui	Wert in Millionen US-$
Primary CDM	552	7.433	389	6.519
JI	41	499	20	294
Voluntary market	43	263	54	397
Sub-total	**636**	**8.195**	**463**	**7.210**
Secondary CDM	240	5.451	1.072	26.277
Total	876	13.646	1.535	33.487

Tabelle 5: Übersicht der projektbasierten Handelsaktivitäten
Quelle: In Anlehnung an World Bank 2009: 31

5.4.3 Handelsformen, -produkte und Akteure des Emissionshandels

Im EU-ETS wurden keine Regelungen bezüglich der Organisation des "eigentlichen" Handels mit Emissionszertifikaten getroffen. Von daher ist es den Marktkräften, innerhalb der gesetzlichen Rahmenbedingungen der EU-Mitgliedsländer, überlassen welche Handelsformen genutzt werden (Betz 2003: 74; UBW 2005: 137). Grundsätzlich lassen sich vier unterschiedliche Handelsformen unterscheiden, über die der Handel

---

[131] In diesem Buch wird aus Vereinfachungsgründen auf eine detaillierte Analyse der Handels- und Preisentwicklung am primary und secondary market verzichtet. Siehe hierzu World Bank 2009: 10 ff..

mit Emissionszertifikaten abgewickelt werden kann (UBW 2005: 137 ff.; Fuhr / Zenke 2006: 51 ff; Baumann 2006: 13 f.; Wagner 2007: 24 ff.):

- Bilateraler Handel: Verkäufer bzw. Käufer suchen sich ohne fremde Hilfe einen geeigneten Handelspartner. Dieses Vorgehen ist aber unter Umständen mit hohen Such- bzw. Transaktionskosten verknüpft.
- Over-The-Counter (OTC): Bei dieser Art von Handel tritt ein freier Makler bzw. Broker[132] als Vermittler zwischen den Handelsparteien auf. Der Broker handelt dabei nur die Vertragsbedingungen[133] mit den Vertragspartnern aus und führt Angebot und Nachfrage passend zusammen. Ein OTC-Handel bzw. OTC-Vertragsabschluss ist ein individueller und nicht standardisierter Vertrag zwischen den Handelsparteien. Der Makler selbst ist kein Vertragspartner und somit nicht in die Vertragserfüllung involviert oder dafür verantwortlich. Für seine Vermittlungsdienstleistung erhebt er eine Gebühr, die sogenannte Maklerkommission. Ein Broker fungiert nur selten als Zwischenhändler und trägt somit nur gelegentlich das Handelsrisiko.
- Börsen: Es kommt bei dieser Handelsform zu einem Handelsabschluss, indem markträumende Gleichgewichtspreise über Kauf- und Verkaufsangebote (meist elektronisch) ermittelt werden. Im Gegensatz zum OTC- und bilateralen Handel werden an Börsen[134] zu bekannten Regeln (z.B. Handelszeiten), standardisierte Termin- und Kassageschäfte getätigt. Desweiteren ist die Börse direkt in den Vertragsabschluss und die Vertragserfüllung, als sogenanntes Clearing House eingebunden. Das heißt, dass die Handelspartner als Gegenpartei die Börse haben, die dadurch verantwortlich für die Verrechnung und Abwicklung der Handelsforderungen und -verbindlichkeiten ist. Dadurch ist für die Vertragsparteien das Counterpart-Risiko bzw. Risiko der Zahlungs-

---

[132] Beispielhaft seien folgende am CO_2-Markt tätige Makler bzw. Broker genannt: Evolution Markets (http://www.new.evomarkets.com); Natsource (http://www.natsource.com); CantorCO2e (http://www.CO2e.com).
[133] Zu den Vertragsbedingungen zählen beispielsweise Preis, Menge und Ausführungsdatum (UBW 2005: 269).
[134] Eine Übersicht der verschiedenen Börsen und der dort handelbaren Produkte ist unter (http://co2-handel.de/article58_8333.html; Abrufdatum 21.09.2009) zu finden. Die meisten Börsenplätze für den CO_2-Markt sind in Europa. Viele Börsen, die den CO_2-Handel ermöglichen, sind bereits etablierte Stromhandelsbörsen. Am 9. März 2005 wurde an der European Energy Exchange, welche eine Stromhandelsbörse mit Sitz in Leipzig ist, erstmals an einer Börse im Kassa- bzw. Spotmarkt mit EUAs gehandelt. Im Jahr 2007 hat die European Climate Exchange, die weltweit größte Terminbörse für CO_2-Produkte mit Sitz in London, 84 Prozent (inklusive OTC-Clearing) des an Börsen gehandelten CO_2-Transaktionsvolumens auf sich vereint (Wagner 2007: 25; World Bank 2008: 8; Barclays Capital 2008: 5).

und Lieferfähigkeit des Handelspartners und die damit verbundene aufwändige Bonitätsprüfung eliminiert[135]. Für die Handelsabwicklung und die Risikoübernahme erhebt die Börse (variable und fixe) Gebühren, die an den verschiedenen Börsenplätzen unterschiedlich hoch sein können. Um überhaupt an der Börse handeln zu dürfen, bedarf es zu Anfang einer relativ komplizierten und kostspieligen Börsenzulassung. Die Zulassung ist mit einer umfangreichen Bonitätsprüfung und gegebenenfalls einer Sicherheitstellung verbunden. Für Emittenten mit kleinen Handelsvolumina kann deshalb der Handel an einer Börse aufgrund der vergleichsweise hohen Transaktionskosten nicht sinnvoll sein.

- Elektronische Handelsplattformen: Diese Handelsart bietet den Handelsinteressenten einen elektronischen Marktplatz, bei dem sie Zugang zu Informationen über Kaufs- und Verkaufsgebote (mit Handelsmengen und -preisen) erhalten. Über die Plattform kann auch der Vertragsabschluss und die Vertragserfüllung abgewickelt werden. Eine solche Handelsplattform bildet dabei eine Mischung aus OTC- und Börsenhandel[136]. Manche Börsen bieten eine solche Handelsplattform für OTC-Geschäfte an. Dabei nimmt die Börse entweder nur die Rolle eines "passiven" Brokers ein oder, nach Vertragsabschluss der Handelspartner, die Rolle des Clearing House. Beim letztgenannten tritt die Börse, gegen eine zusätzliche Gebühr, für die Vertragserfüllung und -abwicklung ein; dies wird dann als OTC-Clearing bezeichnet.

Die Liquidität des Emissionshandelssystems entscheidet maßgeblich, welche Handelsform sich durchsetzt bzw. die meisten Transaktionen verbuchen kann. Je geringer die Anzahl der Handelsinteressenten, die Handelsmenge und die Transaktionsanzahl ist, desto wahrscheinlicher ist es, dass die Handelsform des bilateralen Vertragsabschlusses genutzt wird. Mit zunehmender Marktliquidität setzen sich aber andere Handelsformen durch, die den Handel mit Emissionszertifikaten für die Vertragsparteien rationalisieren. Wobei für die Funktionsfähigkeit einer Börse als

---

[135] Ein weiterer Vorteil, den Börsen gegenüber dem OTC- und bilateralen Handel haben, ist, dass im Normalfall laufend Informationen über die Preise und Mengen der gehandelten Produkte bereit gestellt werden (UBW 2005: 271).
[136] Ein Beispiel für eine außerbörsliche elektronische Handelsplattform ist CLIMEX (http://www.climex.com). Ein Beispiel für eine börslich geführte Handelsplattform ist die seit dem 02.10.2009 eröffnete Greenmarket (http://www.greenmarket-exchange.com).

Handelsplatz, eine "hinreichend" große Marktliquidität notwendig ist. Denn bei einem zu "engen" Markt können aufgrund der finanziellen Ausstattung von einzelnen Teilnehmern Marktverwerfungen bzw. Preisverzerrungen entstehen. Durch die relativ große Zahl der Marktteilnehmer im EU-ETS ist eine wesentliche Voraussetzung für die Marktliquidität erfüllt. Im EU-ETS bildet im Jahr 2008 der OTC-Handel mit einem Anteil von 49 Prozent am Handelsvolumen die meistgenutzte Handelsform. Wobei das gehandelte Volumen an Börsen massiv zunimmt. Allein im Jahr 2008 hat es zum Jahr 2007 um 11 Prozent auf 37 Prozent zugenommen. Dieser Trend ist auch mit dem durch die Finanzmarkt- bzw. Vertrauenskrise hervorgerufenen Wunsch der Handelsparteien, das "Counterparty-Risiko" zu minimieren, zu erklären (Fichtner 2005: 25 f.; UBW 2005: 268 ff.; Point Carbon 2009: 5).

Grundsätzlich lässt sich gleich wie bei anderen Handelsgeschäften auch beim Emissionshandel der Kassa- bzw. Spotmarkt vom Terminmarkt unterscheiden. Wenn ausreichend Marktkompetenz und -liquidität vorhanden ist, etabliert sich neben dem Handel mit dem "physischen Produkt" Zertifikat der Terminhandel. Dieser besteht aus nicht standardisierten (beispielsweise Forwards) und standardisierten (beispielsweise Futures) Terminkontrakten bzw. Derivaten. Derivate werden dabei als Absicherungs- und Spekulationsvehikel bei Preisschwankungen eingesetzt (Fichtner 2005: 26; Betz 2003: 53 f.; DEHST 2009: 93). Seit dem Jahr 2006[137] ist ein starker Wachstumstrend der Anzahl der auf den Markt kommenden und gehandelten derivativen "CO_2-Produkte" zu beobachten. Allein das an der European Climate Exchange über Optionen gehandelte CO_2-Volumen hat sich zwischen den Jahren 2007 und 2008 verfünffacht. Mittlerweile ist die Vielfalt der angebotenen und gehandelten derivativen "CO_2-Produkte" ähnlich der Derivateproduktpalette auf den internationalen Finanzmärkten. Dies mag zum Einen an der gestiegenen Liquidität des CO_2-Marktes liegen. Zum Anderen drängen immer mehr klassische Finanzmarktakteure, wie beispielsweise Banken und Versicherungen, als Handels- und Risikointermediäre in das neu entstandene Geschäftsfeld (World Bank 2008: 8; Point Carbon 2009: 22 f.; Wagner 2007: 25 ff.; World Bank 2009: 5). Als Exkurs zu dieser Untersuchung wird in Anhang 8 ein Überblick über die durch den Emissionshandel neuentstandenen Kapitalanlageprodukte bzw. -möglichkeiten für Investoren gegeben.

---

[137] Die skandinavische Stromhandelsbörse Nord Pool (Nordic Power Exchange) war weltweit die erste Börse, die im Februar 2005 Futures auf EUAs und im Juni 2007 auf CERs begeben hat (World Bank 2008: 66; http://www.nordpool.com/en/asa/Markets/Emissions/; Abrufdatum 21.09.2009).

Wie bereits in Kapitel 5.2 beschrieben, ist es innerhalb des EU-ETS jeder Person erlaubt mit Emissionszertifikaten zu handeln. In der Praxis lässt sich allerdings eine Untergliederung, der am Emissionshandel direkt beteiligten Akteure in vier Hauptgruppen vornehmen[138] (Fuhr / Zenke 2006: 41 ff.; Wagner 2007: 43 f.; World Bank 2008: 61):

- Von der Emissionshandelsrichtlinie regulierte Anlagenbetreiber
- Initiatoren und Investoren von Klimaschutzprojekten
- Handels- und Risikointermediäre
- Freiwillig am Emissionshandel engagierte Handelsteilnehmer[139]

Um zu verstehen, warum sich diese Hauptgruppen herausgebildet haben, ist es hilfreich, einige der wichtigsten Handelsmotivationen dieser Akteure zu betrachten (Barclays Capital 2008: 6; UBW 2005: 53; Wagner 2007: 43 f.; Point Carbon 2009: 39 f.):

- Von der EH-RL regulierte Anlagenbetreiber: Wie bereits in vorigen Kapiteln beschrieben, treten Anlagenbetreiber als Marktteilnehmer auf, wenn sie bezüglich ihrer Reduktionsverpflichtung eine Über- oder Unterdeckung von Emissionszertifikaten aufweisen. Da diese Unternehmen durch den Emissionshandel neuen Preisrisiken ausgesetzt sind, besteht ein Bedarf an Hedgetransaktionen. Auf der anderen Seite entstehen durch den Emissionshandel auch Ertragschancen, die Handelsstrategien bzw. -transaktionen zur Performance- und Liquiditätsverbesserung interessant machen[140].
- Initiatoren und Investoren von Klimaschutzprojekten: Durch die Möglichkeit der Anlagenbetreiber, sich Emissionsminderungsgutschriften auf die jeweilige Reduktionsverpflichtung anrechnen zu lassen und somit Emissionen am kostengünstigsten Ort zu vermeiden, besteht ein reges Interesse an der Durchführung von KP-Klimaschutzprojekten. Der Anlass für einen performanceorientierten Handel mit projektbasierten Emissionszertifikaten besteht aber in der

---

[138] Die Gruppeneinteilung und die Anzahl der aufgeführten Akteure sind diskutierbar. Zudem sind die genannten Akteure nicht nur speziell im EU-ETS zu finden, sondern sie können in allen Emissionshandelssystemen auftreten.
[139] Zu den freiwillig am Markt auftretenden Handelsteilnehmern zählen Initiatoren bzw. Investoren von Klimaschutzprojekten, die nicht von der EH-RL zur Emissionsreduktion verpflichtet sind, und Handels- und Risikointermediäre. Allerdings werden diese zwei Gruppen aufgrund ihrer Bedeutung in dieser Studie separat klassifiziert.
[140] Eine Übersicht der handelsstrategischen Überlegungen von verpflichteten Anlagenbetreibern befindet sich unter anderem in Lucht / Spangardt 2005: 131 ff.; Hermeier 2007: 108 ff..

Ausnutzung von Preisunterschieden von Emissionsminderungsgutschriften während des Projektverlaufs[141]. Diese sogenannte Spread Strategie hat dabei folgenden Hintergrund: Ein Investor sichert sich das Recht von einem Initiator eines Klimaschutzprojektes, zukünftig entstehende Emissionsminderungsgutschriften zu einem im Vorfeld fixierten Preis[142] zu erwerben. Bei dem Klimaschutzprojekt handelt es sich in diesem Stadium um ein von der UNFCCC noch nicht registriertes Klimaschutzprojekt (zumeist ein CDM-Projekt in einem Entwicklungsland). Wird das Projekt durch die UNFCCC registriert, steigt der Marktpreis sprunghaft[143]. Nach Projektdurchführung werden die tatsächlichen Emissionseinsparungen verifiziert. Basierend auf diesem Verifizierungsbericht kommt es zur Zertifizierung der Emissionsminderungsgutschriften durch die UNFCCC. Anschließend werden die Zertifikate in das EU-ETS überführt bzw. im EU-Handelssystem zu Gunsten des Investors registriert. Dieser kann die Zertifikate nun mit "Gewinn" verkaufen, da sich der Zertifikatspreis im Projektverlauf dem Marktpreis für EUAs angeglichen hat[144] (DWS 2008: 1 ff.; Aquila Capital 2006: 42; DWS S.A. 2008: 18 f.).

- Handels- und Risikointermediäre: Diese zwei Akteure sind in erster Linie durch den Bedarf aller Handelsteilnehmer an Handels- und Risikolösungen in den Markt eingetreten. Die Intermediäre bieten entsprechende Vermittlungstätigkeiten und Handelsprodukte an. Dabei sind sie an einem hohen Handelsvolumen interessiert, um über Transaktions- und Produktgebühren zu verdienen. Darüberhinaus beteiligen sich die Intermediäre, vor allem die Risikointermediäre, aber auch aktiv am Markt, um Spekulationsgewinne zu realisieren oder eingegangene Risiken an anderer Stelle wieder abzusichern.

- Nicht von der EH-RL regulierte Handelsteilnehmer: In dieser Gruppe lassen sich wieder rum drei Untergruppen identifizieren. Zwei der drei verfolgen dabei ziemlich ähnliche Ziele, in Form der Erzielung von Spekulations- und Arbitragegewinnen und der Ausnutzung von Diversifikationseffekten für ihr Anlage-

---

[141] Siehe auch Anhang 8. Bei projektbasierten Emissionszertifikaten bestehen außer den üblichen mit dem Projekt verbundenen Risiken ein Validierungs-, ein Verifizierungs- und ein Zertifizierungsrisiko. Die Attraktivität der Emissionsreduktionsgutschriften für Investoren und der Marktpreis hängen von diesen Risikoanteilen ab (Lucht / Spangardt 2005: 120).

[142] Im Jahr 2008 lag der Preis zwischen 8-14,50 Euro pro Emissionsminderungsgutschrift (Point Carbon 2009: 11 f.).

[143] Im Jahr 2008 notierte der Preis zwischen 12-16 Euro pro Emissionsminderungsgutschrift (Point Carbon 2009: 11 f.).

[144] Im Jahr 2008 bewegte sich der Spread zwischen Emissionsminderungsgutschriften und EUAs bei 5-10,55 Euro (Point Carbon 2009: 6 ff.).

portfolio. Zu diesen Handelsteilnehmern gehören zum Einen institutionelle Anleger, beispielsweise Hedgefonds, und zum Anderen Privatanleger. Zur dritten Untergruppe zählen alle privaten und juristischen Personen, die den Handel aus rein ethischen Beweggründen oder zur Verbesserung des eigenen Images betreiben. Dieser Handel läuft gänzlich im Voluntary Market ab[145].

Zu den direkt am Emissionshandel beteiligten Akteuren kommt noch eine große Zahl an indirekt beteiligten Akteuren bzw. Dienstleistern hinzu. Dieser Bedarf an spezialisierten Dienstleistern ist damit zu erklären, dass der Markt mit Emissionshandelszertifikaten komplex und zum Teil unübersichtlich ist. Vor allem der Voluntary Market ist, weil es ihm an überstaatlicher Regulierung fehlt, und wegen uneinheitlicher Standards intransparent. Dadurch, dass der Emissionshandel bzw. die neu geschaffene Anlageklasse CO_2 etliche Chancen und Risiken für Handelsteilnehmer bzw. Investoren birgt, werden alle Arten von Finanzdienstleistungen nachgefragt. Diese Finanzdienstleistungen decken dabei unter anderem das Marktresearch und die Anlageberatung ab. Zusätzlich entsteht ein Bedarf an Dienstleistungen im Bereich der Softwarelösungen für den Emissionshandel, der Rechts- und Steuerberatung etc. (Baumann 2006: 91 f.; Fichtner 2005: 25 f.). Eine Übersicht über einige direkt und indirekt beteiligten Akteure am Emissionshandel gibt Abbildung 14:

---

[145] Siehe auch Kapitel 5.4.2 und Anhang 8. Die steigende Nachfrage nach "freiwilligen" CO_2-Kompensationsmöglichkeiten lässt viele Handelsintermediäre mit Produktlösungen auf dem CO_2-Markt erscheinen. Allein im Jahr 2008 wurden im Voluntary Market Emissionszertifikate in Höhe von 397 Millionen US-Dollar gehandelt (World Bank 2009: 31).

Regulation

Legal framework: UNFCCC, EU Commission, voluntary standard sponsors (CCX or Gold Standard...)
Regulatory bodies: UNFCCC Secretariat, CDM EB, JISC, Compliance Committee, National Agencies (DNAs...), NGOs

Suppliers
- Project developers: stand alone and aggregators (Ecosecurities, MGM, local communities, NGOs...)
- Mandated installations willing to sell allowances
- Financiers: IFIs, Carbon Funds, Major Banks...
- Consultants: development agencies, engineering companies, PDD writers, methodology developers, NGOs
- Technology development transfer: traditional and green technology providers, local or international
- Policy environment: local authorities, development agencies

→ **Primary ERs** →

Intermediaries
- Brokers (Evolution Markets, TFS, Cantor CO_2e...)
- Traders
- Exchanges (ECX, Bluenext, CCX) & platforms (Asia Carbon Exchange, CDM Bazaar)
- Private sector financial companies (Banks – Fortis, Credit Suisse..; Asset managers – RNK, Natsource..; Insurance cies): liquidity, arbitrage, structured products for project financing and risk mitigation, capital leveraging and financial diversification (index and bonds)
- Large compliance buyers

→ **Secondary ERs (guarantee)** →

End Users
- Compliance buyers: Annex B gov'ts, EU ETS installations
- Voluntary buyers: private companies (CSR or pre-compliance purchases), public entities (gov'ts, municipalities), NGOs, individuals (often bundled with consumers products)

← **Financing & hedging products**

← **Structured risk mitigation products**

← **Primary ERs**

Other Services

Quality control: DOEs; NGOs; **Legal advisory services:** Baker&McKenzie, Climate Focus...; **Information & Analysis:** Carbon Finance, Point Carbon, New Carbon Finance, IDEA Carbon, Ecosystem Marketplace, Reuters, IETA, academics..; **Capacity building:** MDBs, development agencies, National entities (DNAs), IETA, NGOs, networking events...

* Die genannten Unternehmen sind lediglich zu illustrativen Zwecken angegeben und stellen nicht die Gesamtheit der Anbieter dar.
** Primary ERs steht in dieser Abbildung für pCERs und ERUs und Secondary ERs für sCERs
Abbildung 14: Akteure im Emissionszertifikatemarkt
Quelle: World Bank 2008: 59

Je größer bzw. finanzstärker die "Branche" rund um den Emissionshandel wird und je mehr Arbeitsplätze direkt oder indirekt durch den Emissionshandel geschaffen werden, desto stärker ist der Druck auf die politischen Entscheidungsträger, den eingeschlagenen Weg der Klimaschutzpolitik bzw. des Emissionszertifikatehandels weiter zu verfolgen und auszubauen.

5.5 Banking und Borrowing von Emissionszertifikaten

Wie bereits an anderer Stelle erwähnt, erhalten Anlagenbetreiber eine jährliche Zuteilung von EUAs, die dann während einer Handelsperiode gültig bzw. auf die jeweilige Reduktionsverpflichtung anrechenbar sind. Durch diese Regelung wird die Basis für das in Art. 13 EH-RL näher geregelte sogenannte Banking und Borrowing geschaffen. Mit Banking ist gemeint, dass den Anlagenbetreibern erlaubt ist, die nicht für die Emissionsverpflichtungen genutzten EUAs in die nächste Zuteilungsperiode (sprich: in das nächste Jahr) zu übertragen[146]. Das Borrowing bildet den Gegenpart zum Banking. Dadurch wird es den Unternehmen möglich gemacht, EUAs der neuen Zuteilungsperiode für die Verpflichtungen des vorangegangenen Zeitraums einzusetzen. Allerdings ist dies nur zeitlich beschränkt möglich und wird deshalb auch als "periodenbegrenztes Borrowing" bezeichnet. Konkret bedeutet das, dass Borrowing lediglich innerhalb "derselben" Zuteilungsperiode erlaubt ist. Diese Vorgabe lässt sich dadurch erfüllen, dass die neuen EUAs bis spätestens zum 28. Februar eines jeden Jahres zugeteilt werden, wobei die Abgabe der EUAs für die Reduktionsverpflichtung des "vergangenen" Jahres bis spätestens zum 30. April erfolgen muss. Dadurch wird es den Unternehmen ermöglicht, ihre Abgabenerfüllung um maximal zwei Monate zu verschieben. Borrowing von EUAs zwischen verschiedenen Handelsperioden ist nicht gestattet. Hingegen existieren beim Banking keinerlei Beschränkungen für die Überführung in die nächste Handelsperiode. Allerdings ergibt sich eine Besonderheit für das Banking zwischen der ersten und der zweiten Handelsperiode. Dies liegt daran, dass die zweite EU-Handelsperiode mit der ersten Kyoto-Handelsperiode zusammenfällt. Damit könnte eine übermäßige Hortung von EUAs für das Jahr 2008, die Erfüllung des nationalen Kyoto-Reduktionsziels gefährden. Die EH-RL räumt deshalb den EU-Mitgliedsstaaten ein, individuell über die Möglichkeit eines Übertrags von EUAs in die zweite EU-Handelsperiode zu entscheiden[147]. Bei Emissionsminderungsgutschriften ist Borrowing nicht möglich. Wohingegen Banking prinzipiell erlaubt ist. Allerdings sind Überträge von Emissionsminderungsgutschriften in andere Handelsperioden nur bis zu einer nationalen Gesamthöhe von 2,5 Prozent des Assigned Amount des jeweiligen Landes gestattet[148]. Die restlichen Emissionsminderungsgutschriften verfallen bzw. werden wertlos (UBW 2005: 335 ff.; Wagner 2007: 15 ff.; John / Rübbelke 2005: 73; Adam / Hentschke / Kopp-Assenmacher 2006: 112 ff.).

Ein Unternehmen wird dann eine Ansparung von Emissionszertifikaten vornehmen, wenn es in der Zukunft von stark steigenden Zertifikatspreisen ausgeht. Spiegelbild-

---

[146] Nach EH-RL Art.13 findet formal kein Übertrag von EUAs von einer Zuteilungsperiode in die nächste statt, sondern ungenutzte EUAs der vergangenen Zuteilungsperiode werden durch neue EUAs ersetzt.

[147] Die meisten EU-Mitgliedsstaaten gestatten keinen Übertrag von EUAs aus der ersten in die zweite EU-Handelsperiode (Wagner 2007: 15).

[148] Dabei sind für jeden Anlagenbetreiber zusätzlich noch die anlagenbezogenen Obergrenzen der Anrechnung von CERs und ERUs zu beachten (Wagner 2007: 15). Wie bereits beschrieben sind RMUs, tCERs und lCERs nicht auf die Reduktionsverpflichtungen anrechenbar. Für das Banking von tCERs und lCERs gelten spezielle Regelungen und eine Ansparung von RMUs für die nächste Handelsperiode ist kategorisch ausgeschlossen; siehe UBW 2005: 335 ff..

lich wird es vom periodenbegrenzten Borrowing von EUAs Gebrauch machen, wenn ein Preisverfall bei Emissionsrechten zu erwarten ist. Durch die geschaffene Möglichkeit des Banking und Borrowing erfährt das Emissionshandelssystem eine zeitliche Flexibilisierung (John / Rübbelke 2005: 73). Hierdurch ergeben sich drei Effekte (UBW 2005: 152 f.; Wagner 2007: 16; Endres 2007: 294 f.):

- Den Anlagebetreibern wird ein größerer Spielraum bei der Erfüllung ihrer Reduktionsverpflichtungen eingeräumt, der ihnen zusätzliche Kosteneinsparungen ermöglichen kann. Diese ergeben sich daraus, dass unterschiedliche Grenzvermeidungskosten verschiedener Perioden ausgenutzt werden können[149]. Insgesamt kommt es also zu einer verbesserten Kosteneffizienz.
- Durch die Planungssicherheit der Anlagenbetreiber kommt es zu einer Glättung von übermäßigen Preisschwankungen am Markt für Emissionszertifikate. Auf der anderen Seite besteht aber auch die Gefahr, dass der Markt an Liquidität verliert. So könnten stark risikoaverse Anlagenbetreiber dazu neigen, durch die Bankingmöglichkeit Emissionszertifikate zu horten, bzw. spekulative Handelsteilnehmer dazu neigen, das zukünftige Angebot durch Borrowing zu verknappen.
- Im Bezug auf die ökologische Treffsicherheit ist eine zeitliche Verschiebung der THG-Emissionen von geringer Relevanz. Denn es kommt beim Treibhauseffekt nicht auf die periodenspezifischen THG-Emissionen an, sondern auf den kumulierten Gesamtbestand über die Zeit hinweg. Allerdings besteht beim Borrowing die Gefahr, dass "Emissionsrechtedefizite" in der Zukunft nicht ausgeglichen werden[150], was einen negativen Effekt auf das festgelegte Gesamtemissionsziel hätte.

---

[149] Periodenspezifische Unterschiede der Grenzvermeidungskosten können beispielsweise aufgrund technischer Neuerungen entstehen (UBW 2005: 152).
[150] Dies kann beispielsweise der Fall sein, wenn ein Unternehmen "bankrott geht" bzw. aufgelöst wird.

5.6 Emissionsüberwachung und Sanktionsmaßnahmen

In Kapitel 3 wurde festgestellt, dass eine effektive Sanktionierung von Regelverstößen[151] einer der wichtigsten Bestandteile für das Funktionieren eines ökologisch treffsicheren Emissionshandelssystems ist. Dabei ist es zum Einen notwendig, dass Verstöße gegen die Emissionsreduktionspflicht "lückenlos" geahndet werden, und zum Anderen, dass die Strafhöhe einen Anreiz zur Einhaltung der Emissionsgrenzen gibt. Denn ist die Wahrscheinlichkeit, bei Regelverstößen bestraft zu werden, oder die Strafhöhe zu gering, halten sich ökonomisch-rational handelnde Emittenten nicht an das Emissionslimit (Betz 2003: 55 ff.). Eine Einhaltung der Emissionsgrenze ist also nur gewährleistet, wenn folgende Kalkulation gilt (Betz 2003: 59):

Sanktionshöhe*Eintrittswahrscheinlichkeit der Sanktionierung + Grenzkosten des Regelbruchs > Grenzkosten der Regelerfüllung[152]

Um eine Sanktionierung technisch überhaupt zu ermöglichen, muss einerseits eine einwandfreie Quantifizierung und Überwachung der Emissionen möglich sein und andererseits ein funktionierendes Kontroll- und Abrechnungssystem für Emissionszertifikate existieren. Den zwei letztgenannten Bedingungen wird mit den in Kapitel 5.4.1 vorgestellten nationalen Emissionshandelsregistern und dem zentralen Registrierungssystem nachgekommen. Den erstgenannten Voraussetzungen wird basierend auf den Regelungen der Anlagen IV und V der EH-RL Rechnung getragen[153]. Darin wird bestimmt, dass die betroffenen Anlagenbetreiber eine fortlaufende Überwachung ihrer CO_2-Emissionen des vorangegangenen Kalenderjahres durch Messung oder Berechnung vornehmen müssen[154]. Im Anschluss daran sind die Anlagenbetreiber dazu verpflichtet diese Daten jährlich bis zum 31. März in einem Bericht

---

[151] Hierzu zählen die Nichteinhaltung von allgemeinen Rahmenbedingungen des Emissionshandelssystems und die Unterdeckung mit Emissionszertifikaten zum Abrechnungszeitpunkt. Aus Vereinfachungsgründen und der höheren Relevanz für die ökologische Zielerreichung werden im nachfolgenden lediglich die Kontroll- und Sanktionsmaßnahmen bei Überschreitung der Emissionsgrenzen auf Anlagenebene behandelt (Betz 2003: 58 f.).

[152] Die GK der Regelerfüllung umfassen alle Kosten, die bei der Regeleinhaltung entstehen, z.B. Kauf von EUAs und Verwaltungskosten. Zu den GK der Nichterfüllung zählen alle Kosten, die zusätzlich zur eigentlichen Strafe hinzu kommen, zum Beispiel Prozesskosten (Betz 2003: 59).

[153] Die eigentlichen Überwachungs- und Berichterstattungsvorschriften schaffen erst die in Art.14 EH-RL geforderten und am 29.01.2004 von der europäischen Kommission erlassenen Monitoring-Guidelines (2004/156/EG) (Baumann 2006: 35).

[154] Die nationalen Behörden genehmigen die jeweilig anzuwendenden Quantifizierungsmethoden (DEHST 2009: 110). Für Details zu den Berechnungsmethoden und Messverfahren siehe Anlage IV EH-RL.

festzuhalten. Ist dies erfolgt, muss der Bericht zu diesem Termin, je nach nationalem Beschluss, entweder einer staatlichen Behörde oder einem unabhängigen und sachkundigen Prüfer zur Verifizierung vorgelegt werden. Anhand der verifizierten Daten gleichen dann die zuständigen nationalen Behörden ab, ob die tatsächliche Emission des vorherigen Kalenderjahres mit der Anzahl der gehaltenen Emissionszertifikate übereinstimmt (Hermeier 2007: 94 ff.; Janssen 2006: 26 f.; EH-RL Art. 14 und Art. 15). Dabei muss sich, um eine Unterdeckung mit Emissionszertifikaten zu vermeiden, mindestens das in Tabelle 6 dargestellte Kalkulationsergebnis einstellen:

Tatsächliche Emissionsmenge
- aus Vorperiode übertragene Emissionszertifikate
- zugeteilte Emissionsrechte
- gekaufte Emissionszertifikate
+ verkaufte Emissionszertifikate
= 0

Tabelle 6: Kalkulation zur Vermeidung einer Unterdeckung mit Emissionszertifikaten
Quelle: In Anlehnung an Hermeier 2007: 114

Wie bereits in Kapitel 5.2 beschrieben, müssen die Anlagenbetreiber bis spätestens 30. April, die ihrer Emissionsmenge entsprechende Anzahl von Emissionszertifikaten der jeweiligen nationalen Behörde abgeben. Stellt die nationale Behörde dabei eine nicht ausreichende Menge an Emissionszertifikaten fest, wird der jeweilige Anlagenbetreiber im Handelszeitraum 2005-2007 mit einer Strafzahlung in Höhe von 40 Euro je zu viel emittierter Tonne CO_2-Äqui bzw. je fehlendem Emissionszertifikat belegt. Ab der zweiten Handelsperiode beträgt die Strafe für jedes fehlende Emissionszertifikat 100 Euro. Zusätzlich müssen die Anlagenbetreiber die fehlenden Emissionszertifikate bis zum 30. April des Folgejahres nachliefern. Reichen die Emittenten im folgenden Jahr die Emissionszertifikate nicht nach, wird erneut eine Strafzahlung erhoben. Dadurch, dass der Emittent die fehlenden Emissionszertifikate nachreichen muss, handelt es sich bei der Strafzahlung weniger um eine Sanktion, als um ein Aufgeld, das die Emissionen verteuert (EH-RL Art. 16; Wagner 2007: 16; Janssen 2006: 35). Zusätzlich zu einer Strafzahlung werden die Namen der regelverstoßenden Anlagenbetreiber von den jeweiligen EU-Staaten veröffentlicht (EH-RL Art. 16).

Da die Möglichkeit des Borrowing besteht, wird es wahrscheinlich zu keiner Sanktionierung innerhalb einer Zuteilungsperiode kommen. Somit wird das Verhängen von

Sanktionen vermutlich nur beim Übergang in eine andere Handelsperiode stattfinden (UBW 2005: 158).

6 Fazit

In dieser Untersuchung ist deutlich gemacht worden, dass die Ursache des Klimawandels vielschichtig ist und deshalb differenziert zu betrachten ist. Zweifellos kommt es zum Treibhauseffekt, der die direkte Ursache des Temperaturanstiegs darstellt, durch von Menschen verursachten Treibhausgasemissionen. Allerdings ist aus umweltökonomischer Sicht die Ursache für die Emission einer klimaschädigenden Menge an Treibhausgasen in der Charakteristik von Umweltgütern zu suchen. Denn ohne die Anwendbarkeit des Ausschlussprinzips beim Konsum von "sauberer Luft" kommt es zur Entstehung von externen Effekten, die in ihrer Konsequenz verantwortlich für die Klimaproblematik sind. Um dieses Marktversagen zu beheben, ist ein staatliches Eingreifen notwendig. Allerdings ist im Vergleich zu Umweltschädigungen durch "andere" atmosphärische Emissionen das Treibhausgasproblem erst seit den 1980er Jahren Gegenstand der Umweltpolitik, sodass es bisher nur wenige Erkenntnisse über die Wirkungen von Strategien und Instrumenten zur Emissionsvermeidung bzw. -reduktion von Treibhausgasen gibt. Jedoch erweist sich eine "Emissionszertifikatelösung" für den Einsatz im Bereich der Klimawandelproblematik als vielversprechend. Dies liegt zum Einen an den besonderen Merkmalen, die Treibhausgase aufweisen, und zum Anderen an der Überlegenheit des Emissionshandels im Vergleich mit anderen umweltpolitischen Instrumenten. Die Hauptvorteile einer Emissionshandelslösung sind, dass das Emissionsreduktionsziel kosteneffizient und bei geeigneten Kontroll- und Sanktionsmechanismen garantiert erreicht wird, ohne dass der Staat Kenntnis über die individuellen Grenzvermeidungskosten der Emittenten haben muss. Desweiteren wird durch den Emissionshandel die dynamische Effizienz gefördert und somit ein Anreiz zur Entwicklung von neuen Klimaschutztechnologien bzw. Emissionsreduktionstechnologien gegeben. Allerdings gilt auch beim Emissionshandel, gleich wie bei allen anderen umweltpolitischen Instrumenten, dass aufgrund von Informationsdefiziten keine pareto-optimale Emissionsmenge politisch festgelegt werden kann. Immerhin besteht aber beim Emissionshandel die Möglichkeit, dass, sobald alle Wirtschaftssubjekte in ein Emissionshandelssystem integriert werden, diese ihre Präferenzen bezüglich eines bestimmten Umweltzustands durchsetzen können. Gleichzeitig kann der Staat jederzeit aufgrund einer veränderten klimapolitischen Zielpräferenz neue Emissionsrechte ausgeben oder bestehende zurückkaufen bzw. vom Markt nehmen.

Bei Betrachtung der Bestimmungen und der Ausgestaltung des europäischen Emissionshandelssystems, der flexiblen Mechanismen des Kyoto-Protokolls und des gesamten CO_2-Marktes wird die Komplexität und Unübersichtlichkeit des Emissionshandels in der Praxisanwendung deutlich. Dabei ist aber zu berücksichtigen, dass die bestehenden Emissionshandelssysteme bzw. der CO_2-Markt noch relativ jung sind. Deshalb ist anzunehmen, dass mit der Zeit und einer internationalen Vereinheitlichung der Handelssysteme auch eine Vereinheitlichung bezüglich der Handel- und Anrechenbarkeit der Emissionszertifikate entsteht. Ebenfalls ist zu vermuten, dass mit zunehmender Marktreife des CO_2-Marktes eine bessere Übersicht bzw. Entflechtung der Marktsegmente eintritt. Für die Beurteilung der Zukunft des internationalen Emissionsrechtehandels bleibt abzuwarten, ob ein Nachfolgeabkommen zum Kyoto-Protokoll verabschiedet wird. Der Fortbestand des europäischen Emissionshandelssystems ist vorerst bis zum Jahr 2020 gesichert. Inwieweit die projektbasierten Mechanismen im EU-ETS weiter nutzbar sind, wenn es für die Zeit ab 2013 kein internationales Nachfolgeprotokoll gibt, ist aber unklar. Für eine politische Einigung auf internationaler Ebene spricht, dass die "Branche" rund um den CO_2-Markt bzw. die durch den Emissionshandel direkt oder indirekt geschaffene Zahl von Arbeitsplätzen sehr schnell wächst. Dies lässt den Druck auf die politischen Entscheidungsträger zunehmen, die bisher verfolgte Klimaschutzpolitik weiter zu verfolgen und auszubauen. Aus ökologischen Aspekten sollte für ein internationales Nachfolgeprotokoll die Tatsache sprechen, dass der anthropogene Treibhauseffekt ein globales Problem darstellt und somit nur mit weltweiten Klimaschutzbemühungen gelöst werden kann. Denn wenn es zu keiner Erneuerung und zu keiner geographischen Erweiterung des internationalen Emissionsrechtehandels kommt, ist die ökologische Effektivität von nicht-globalen Emissionshandelssystemen, beispielsweise dem EU-ETS, stark gefährdet. Dies ist mit dem Carbon Leakage- und Leakage-Effekt zu begründen. Ebenfalls könnten aufgrund der geografisch ungleichen Wettbewerbsbedingungen ökonomisch negative Effekte für Emissionshandel betreibende Regionen wie beispielsweise Europa entstehen. Um Wettbewerbsverzerrungen zu verhindern, ist aber nicht nur die Ausweitung des Emissionshandels auf globaler Ebene erforderlich, sondern auch die Ausweitung auf alle Wirtschaftssektoren und, in letzter Konsequenz, auf alle Wirtschaftssubjekte innerhalb des europäischen Emissionshandelssystems. Dabei würde so eine Ausweitung, zusätzlich zu der Vermeidung einer Wettbewerbsverzerrung, einen positiven Effekt auf die Kosteneffizienz durch die Ausnutzung unterschiedlicher Grenzvermeidungskosten der Sektoren ergeben. Darüberhinaus wird durch mehr Handelsteilnehmer die Liquidität des CO_2-Marktes gestärkt.

Somit bleibt zu hoffen, dass sowohl auf internationaler als auch auf europäischer Ebene der politische Wille vorhanden und die Durchsetzbarkeit eines Fortbestandes bzw. einer Erweiterung des Emissionshandels gegeben ist, sodass sich das eingangs angeführte Zitat „Es bedarf nur eines Anfangs, das Übrige wird sich erledigen" bewahrheitet.

Anhang

Anhang 1: Ratifikation der Klimarahmenkonvention.................................... 93

Anhang 2: Ratifikation des Kyoto-Protokolls.. 100

Anhang 3: Annex I-Staaten.. 108

Anhang 4: Annex II-Staaten... 109

Anhang 5: Annex A.. 110

Anhang 6: Annex B-Staaten und deren Reduktionsziele............................ 112

Anhang 7: EU-Emissionshandelsrichtlinie.. 113

Anhang 8: Exkurs - Kapitalanlagemöglichkeiten in einer neuentstandenen Anlageklasse... 128

Anhang 1: Ratifikation der Klimarahmenkonvention

Last modified on: 22 August 2007

UNITED NATIONS FRAMEWORK CONVENTION ON CLIMATE CHANGE

STATUS OF RATIFICATION

COUNTRY	SIGNATURE	RATIFICATION	ENTRY INTO FORCE	REMARKS
1. AFGHANISTAN	12/06/92	19/09/02 (R)	18/12/02	
2. ALBANIA	---	03/10/94 (Ac)	01/01/95	
3. ALGERIA	13/06/92	09/06/93 (R)	21/03/94	
4. ANDORRA	---			
5. ANGOLA	14/06/92	17/05/00 (R)	15/08/00	
6. ANTIGUA AND BARBUDA	04/06/92	02/02/93 (R)	21/03/94	
7. ARGENTINA	12/06/92	11/03/94 (R)	09/06/94	
8. ARMENIA	13/06/92	14/05/93 (R)	21/03/94	
9. AUSTRALIA	04/06/92	30/12/92 (R)	21/03/94	
10. AUSTRIA	08/06/92	28/02/94 (R)	29/05/94	
11. AZERBAIJAN	12/06/92	16/05/95 (R)	14/08/95	
12. BAHAMAS	12/06/92	29/03/94 (R)	27/06/94	
13. BAHRAIN	08/06/92	28/12/94 (R)	28/03/95	
14. BANGLADESH	09/06/92	15/04/94 (R)	14/07/94	
15. BARBADOS	12/06/92	23/03/94 (R)	21/06/94	
16. BELARUS	11/06/92	11/05/00 (Ap)	09/08/00	
17. BELGIUM	04/06/92	16/01/96 (R)	15/04/96	
18. BELIZE	13/06/92	31/10/94 (R)	29/01/95	
19. BENIN	13/06/92	30/06/94 (R)	28/09/94	
20. BHUTAN	11/06/92	25/08/95 (R)	23/11/95	
21. BOLIVIA	10/06/92	03/10/94 (R)	01/01/95	
22. BOSNIA AND HERZEGOVINA	---	07/09/00 (Ac)	06/12/00	
23. BOTSWANA	12/06/92	27/01/94 (R)	27/04/94	
24. BRAZIL	04/06/92	28/02/94 (R)	29/05/94	
25. BRUNEI DARUSSALAM	---	07/08/07 (Ac)	05/11/07	
26. BULGARIA	05/06/92	12/05/95 (R)	10/08/95	(12)
27. BURKINA FASO	12/06/92	02/09/93 (R)	21/03/94	
28. BURUNDI	11/06/92	06/01/97 (R)	07/04/97	

Last modified on: 11 April 2007

COUNTRY	SIGNATURE	RATIFICATION	ENTRY INTO FORCE	REMARKS
29. CAMBODIA	---	18/12/95 (Ac)	17/03/96	
30. CAMEROON	14/06/92	19/10/94 (R)	17/01/95	
31. CANADA	12/06/92	04/12/92 (R)	21/03/94	
32. CAPE VERDE	12/06/92	29/03/95 (R)	27/06/95	
33. CENTRAL AFRICAN REPUBLIC	13/06/92	10/03/95 (R)	08/06/95	
34. CHAD	12/06/92	07/06/94 (R)	05/09/94	
35. CHILE	13/06/92	22/12/94 (R)	22/03/95	
36. CHINA	11/06/92	05/01/93 (R)	21/03/94	
37. COLOMBIA	13/06/92	22/03/95 (R)	20/06/95	
38. COMOROS	11/06/92	31/10/94 (R)	29/01/95	
39. CONGO	12/06/92	14/10/96 (R)	12/0197	
40. COOK ISLANDS	12/06/92	20/04/93 (R)	21/03/94	
41. COSTA RICA	13/06/92	26/08/94 (R)	24/11/94	
42. COTE D'IVOIRE	10/06/92	29/11/94 (R)	27/02/95	
43. CROATIA	11/06/92	08/04/96 (At)	07/07/96	(15)
44. CUBA	13/06/92	05/01/94 (R)	05/04/94	(9)
45. CYPRUS	12/06/92	15/10/97 (R)	13/01/98	
46. CZECH REPUBLIC	18/06/93	07/10/93 (Ap)	21/03/94	(13)
47. DEMOCRATIC PEOPLE'S REPUBLIC OF KOREA	11/06/92	05/12/94 (Ap)	05/03/95	
48. DEMOCRATIC REPUBLIC OF THE CONGO	11/06/92	09/01/95 (R)	09/04/95	
49. DENMARK	09/06/92	21/12/93 (R)	21/03/94	
50. DJIBOUTI	12/06/92	27/08/95 (R)	25/11/95	
51. DOMINICA	---	21/06/93 (Ac)	21/03/94	
52. DOMINICAN REPUBLIC	12/06/92	07/10/98 (R)	05/01/99	
53. ECUADOR	09/06/92	23/02/93 (R)	21/03/94	
54. EGYPT	09/06/92	05/12/94 (R)	05/03/95	
55. EL SALVADOR	13/06/92	04/12/95 (R)	03/03/96	
56. EQUATORIAL GUINEA	-----	16/08/00 (Ac)	14/11/00	
57. ERITREA	---	24/04/95 (Ac)	23/07/95	
58. ESTONIA	12/06/92	27/07/94 (R)	25/10/94	

- 2 -

Last modified on: 11 April 2007

COUNTRY	SIGNATURE	RATIFICATION	ENTRY INTO FORCE	REMARKS
59. ETHIOPIA	10/06/92	05/04/94 (R)	04/07/94	
60. FIJI	09/10/92	25/02/93 (R)	21/03/94	(5)
61. FINLAND	04/06/92	03/05/94 (At)	01/08/94	
62. FRANCE	13/06/92	25/03/94 (R)	23/06/94	
63. GABON	12/06/92	21/01/98 (R)	21/04/98	
64. GAMBIA	12/06/92	10/06/94 (R)	08/09/94	
65. GEORGIA	----	29/07/94 (Ac)	27/10/94	
66. GERMANY	12/06/92	09/12/93 (R)	21/03/94	
67. GHANA	12/06/92	06/09/95 (R)	05/12/95	
68. GREECE	12/06/92	04/08/94 (R)	02/11/94	
69. GRENADA	03/12/92	11/08/94 (R)	09/11/94	
70. GUATEMALA	13/06/92	15/12/95 (R)	14/03/96	
71. GUINEA	12/06/92	07/05/93 (R)	21/03/94	
72. GUINEA-BISSAU	12/06/92	27/10/95 (R)	25/01/96	
73. GUYANA	13/06/92	29/08/94 (R)	27/11/94	
74. HAITI	13/06/92	25/09/96 (R)	24/12/96	
75. HOLY SEE	----			
76. HONDURAS	13/06/92	19/10/95 (R)	17/01/96	
77. HUNGARY	13/06/92	24/02/94 (R)	25/05/94	(10)
78. ICELAND	04/06/92	16/06/93 (R)	21/03/94	
79. INDIA	10/06/92	01/11/93 (R)	21/03/94	
80. INDONESIA	05/06/92	23/08/94 (R)	21/11/94	
81. IRAN (ISLAMIC REPUBLIC OF)	14/06/92	18/07/96 (R)	16/10/96	
82. IRAQ	----			
83. IRELAND	13/06/92	20/04/94 (R)	19/07/94	
84. ISRAEL	04/06/92	04/06/96 (R)	02/09/96	
85. ITALY	05/06/92	15/04/94 (R)	14/07/94	
86. JAMAICA	12/06/92	06/01/95 (R)	06/04/95	
87. JAPAN	13/06/92	28/05/93 (At)	21/03/94	
88. JORDAN	11/06/92	12/11/93 (R)	21/03/94	
89. KAZAKHSTAN	08/06/92	17/05/95 (R)	15/08/95	

Last modified on: 11 April 2007

COUNTRY	SIGNATURE	RATIFICATION	ENTRY INTO FORCE	REMARKS
90. KENYA	12/06/92	30/08/94 (R)	28/11/94	
91. KIRIBATI	13/06/92	07/02/95 (R)	08/05/95	(3)
92. KUWAIT	----	28/12/94 (Ac)	28/03/95	
93. KYRGYZSTAN	----	25/05/00 (Ac)	23/08/00	
94. LAO PEOPLE'S DEMOCRATIC REPUBLIC	----	04/01/95 (Ac)	04/04/95	
95. LATVIA	11/06/92	23/03/95 (R)	21/06/95	
96. LEBANON	12/06/92	15/12/94 (R)	15/03/95	
97. LESOTHO	11/06/92	07/02/95 (R)	08/05/95	
98. LIBERIA	12/06/92	05/11/02 (R)	04/02/03	
99. LIBYAN ARAB JAMAHIRIYA	29/06/92	14/06/99 (R)	12/09/99	
100. LIECHTENSTEIN	04/06/92	22/06/94 (R)	20/09/94	
101. LITHUANIA	11/06/92	24/03/95 (R)	22/06/95	
102. LUXEMBOURG	09/06/92	09/05/94 (R)	07/08/94	
103. MADAGASCAR	10/06/92	02/06/99 (R)	31/08/99	
104. MALAWI	10/06/92	21/04/94 (R)	20/07/94	
105. MALAYSIA	09/06/93	13/07/94 (R)	11/10/94	
106. MALDIVES	12/06/92	09/11/92 (R)	21/03/94	
107. MALI	30/09/92	28/12/94 (R)	28/03/95	
108. MALTA	12/06/92	17/03/94 (R)	15/06/94	
109. MARSHALL ISLANDS	12/06/92	08/10/92 (R)	21/03/94	
110. MAURITANIA	12/06/92	20/01/94 (R)	20/04/94	
111. MAURITIUS	10/06/92	04/09/92 (R)	21/03/94	
112. MEXICO	13/06/92	11/03/93 (R)	21/03/94	
113. MICRONESIA (FEDERATED STATES OF)	12/06/92	18/11/93 (R)	21/03/94	
114. MONACO	11/06/92	20/11/92 (R)	21/03/94	(6)
115. MONGOLIA	12/06/92	30/09/93 (R)	21/03/94	
116. MONTENEGRO	----	23/10/06 (Su)	21/01/07	
117. MOROCCO	13/06/92	28/12/95 (R)	27/03/96	
118. MOZAMBIQUE	12/06/92	25/08/95 (R)	23/11/95	
119. MYANMAR	11/06/92	25/11/94 (R)	23/02/95	

Last modified on: 11 April 2007

COUNTRY	SIGNATURE	RATIFICATION	ENTRY INTO FORCE	REMARKS
120. NAMIBIA	12/06/92	16/05/95 (R)	14/08/95	
121. NAURU	08/06/92	11/11/93 (R)	21/03/94	(1)
122. NEPAL	12/06/92	02/05/94 (R)	31/07/94	
123. NETHERLANDS[1]	04/06/92	20/12/93 (At)	21/03/94	
124. NEW ZEALAND	04/06/92	16/09/93 (R)	21/03/94	
125. NICARAGUA	13/06/92	31/10/95 (R)	29/01/96	
126. NIGER	11/06/92	25/07/95 (R)	23/10/95	
127. NIGERIA	13/06/92	29/08/94 (R)	27/11/94	
128. NIUE	---	28/02/96 (Ac)	28/05/96	
129. NORWAY	04/06/92	09/07/93 (R)	21/03/94	
130. OMAN	11/06/92	08/02/95 (R)	09/05/95	
131. PAKISTAN	13/06/92	01/06/94 (R)	30/08/94	
132. PALAU	---	10/12/99 (Ac)	09/03/00	
133. PANAMA	18/03/93	23/05/95 (R)	21/08/95	
134. PAPUA NEW GUINEA	13/06/92	16/03/93 (R)	21/03/94	(7)
135. PARAGUAY	12/06/92	24/02/94 (R)	25/05/94	
136. PERU	12/06/92	07/06/93 (R)	21/03/94	
137. PHILIPPINES	12/06/92	02/08/94 (R)	31/10/94	
138. POLAND	05/06/92	28/07/94 (R)	26/10/94	
139. PORTUGAL	13/06/92	21/12/93 (R)	21/03/94	
140. QATAR	---	18/04/96 (Ac)	17/07/96	
141. REPUBLIC OF KOREA	13/06/92	14/12/93 (R)	21/03/94	
142. REPUBLIC OF MOLDOVA	12/06/92	09/06/95 (R)	07/09/95	
143. ROMANIA	05/06/92	08/06/94 (R)	06/09/94	
144. RUSSIAN FEDERATION	13/06/92	28/12/94 (R)	28/03/95	
145. RWANDA	10/06/92	18/08/98 (R)	16/11/98	
146. SAINT KITTS AND NEVIS	12/06/92	07/01/93 (R)	21/03/94	
147. SAINT LUCIA	14/06/93	14/06/93 (R)	21/03/94	
148. SAINT VINCENT AND THE GRENADINES	---	02/12/96 (Ac)	02/03/97	

---

[1] For the Kingdom in Europe

Last modified on: 11 April 2007

COUNTRY	SIGNATURE	RATIFICATION	ENTRY INTO FORCE	REMARKS
149. SAMOA	12/06/92	29/11/94 (R)	27/02/95	
150. SAN MARINO	10/06/92	28/10/94 (R)	26/01/95	
151. SAO TOME AND PRINCIPE	12/06/92	29/09/99 (R)	28/12/99	
152. SAUDI ARABIA	----	28/12/94 (Ac)	28/03/95	
153. SENEGAL	13/06/92	17/10/94 (R)	15/01/95	
154. SERBIA	----	12/03/01 (Ac)	10/06/01	(16)(17)
155. SEYCHELLES	10/06/92	22/09/92 (R)	21/03/94	
156. SIERRA LEONE	11/02/93	22/06/95 (R)	20/09/95	
157. SINGAPORE	13/06/92	29/05/97 (R)	27/08/97	
158. SLOVAKIA	19/05/93	25/08/94 (Ap)	23/11/94	(14)
159. SLOVENIA	13/06/92	01/12/95 (R)	29/02/96	
160. SOLOMON ISLANDS	13/06/92	28/12/94 (R)	28/03/95	(11)
161. SOMALIA	----			
162. SOUTH AFRICA	15/06/93	29/08/97 (R)	27/11/97	
163. SPAIN	13/06/92	21/12/93 (R)	21/03/94	
164. SRI LANKA	10/06/92	23/11/93 (R)	21/03/94	
165. SUDAN	09/06/92	19/11/93 (R)	21/03/94	
166. SURINAME	13/06/92	14/10/97 (R)	12/01/98	
167. SWAZILAND	12/06/92	07/10/96 (R)	05/01/97	
168. SWEDEN	08/06/92	23/06/93 (R)	21/03/94	
169. SWITZERLAND	12/06/92	10/12/93 (R)	21/03/94	
170. SYRIAN ARAB REPUBLIC	----	04/01/96 (Ac)	03/04/96	
171. TAJIKISTAN	----	07/01/98 (Ac)	07/04/98	
172. THAILAND	12/06/92	28/12/94 (R)	28/03/95	
173. THE FORMER YUGOSLAV REPUBLIC OF MACEDONIA	----	28/01/98 (Ac)	28/04/98	
174. TIMOR-LESTE	----	10/10/06 (Ac)	08/01/07	
175. TOGO	12/06/92	08/03/95 (At)	06/06/95	
176. TONGA	----	20/07/98 (Ac)	18/10/98	
177. TRINIDAD AND TOBAGO	11/06/92	24/06/94 (R)	22/09/94	
178. TUNISIA	13/06/92	15/07/93 (R)	21/03/94	

Last modified on: 11 April 2007

COUNTRY	SIGNATURE	RATIFICATION	ENTRY INTO FORCE	REMARKS
179. TURKEY	----	24/02/04 (Ac)	24/05/04	
180. TURKMENISTAN	----	05/06/95 (Ac)	03/09/95	
181. TUVALU	08/06/92	26/10/93 (R)	21/03/94	(2)
182. UGANDA	13/06/92	08/09/93 (R)	21/03/94	
183. UKRAINE	11/06/92	13/05/97 (R)	11/08/97	
184. UNITED ARAB EMIRATES	----	29/12/95 (Ac)	28/03/96	
185. UNITED KINGDOM OF GREAT BRITAIN AND NORTHERN IRELAND[2]	12/06/92	08/12/93 (R)	21/03/94	
186. UNITED REPUBLIC OF TANZANIA	12/06/92	17/04/96 (R)	16/07/96	
187. UNITED STATES OF AMERICA	12/06/92	15/10/92 (R)	21/03/94	
188. URUGUAY	04/06/92	18/08/94 (R)	16/11/94	
189. UZBEKISTAN	----	20/06/93 (Ac)	21/03/94	
190. VANUATU	09/06/92	25/03/93 (R)	21/03/94	
191. VENEZUELA	12/06/92	28/12/94 (R)	28/03/95	
192. VIET NAM	11/06/92	16/11/94 (R)	14/02/95	
193. YEMEN	12/06/92	21/02/96 (R)	21/05/96	
194. ZAMBIA	11/06/92	28/05/93 (R)	21/03/94	
195. ZIMBABWE	12/06/92	03/11/92 (R)	21/03/94	
****** ORGANIZATION ******	********	************	************	************
196. EUROPEAN ECONOMIC COMMUNITY	13/06/92	21/12/93 (Ap)	21/03/94	(4) (8)
********** TOTAL **********	165	192	************	***********

Notes:

R	=	Ratification
At	=	Acceptance
Ap	=	Approval
Ac	=	Accession
Su	=	Succession

[2] In respect of Great Britain and Northern Ireland, the Bailiwick of Jersey and the Isle of Man

Quelle: http://unfccc.int/files/essential_background/convention/status_of_ratification/application/pdf/unfccc_conv_rat.pdf; Abrufdatum 22.08.2009

Anhang 2: Ratifikation des Kyoto-Protokolls

Last modified on: 14 January 2009

KYOTO PROTOCOL

STATUS OF RATIFICATION

Notes:

R = Ratification
At = Acceptance
Ap = Approval
Ac = Accession

	COUNTRY	SIGNATURE	RATIFICATION, ACCEPTANCE, ACCESSION, APPROVAL	ENTRY INTO FORCE	REMARKS	% of emissions
1.	ALBANIA	----	01/04/05 (Ac)	30/06/05		
2.	ALGERIA	----	16/02/05 (Ac)	17/05/05		
3.	ANGOLA	----	08/05/07 (Ac)	06/08/07		
4.	ANTIGUA AND BARBUDA	16/03/98	03/11/98 (R)	16/02/05		
5.	ARGENTINA	16/03/98	28/09/01 (R)	16/02/05		
6.	ARMENIA	----	25/04/03 (Ac)	16/02/05		
7.	AUSTRALIA*	29/04/98	12/12/07 (R)	11/03/08		2.1%
8.	AUSTRIA*	29/04/98	31/05/02 (R)	16/02/05		0.4%
9.	AZERBAIJAN	----	28/09/00 (Ac)	16/02/05		
10.	BAHAMAS	----	09/04/99 (Ac)	16/02/05		
11.	BAHRAIN	----	31/01/06 (Ac)	01/05/06		
12.	BANGLADESH	----	22/10/01 (Ac)	16/02/05		
13.	BARBADOS	----	07/08/00 (Ac)	16/02/05		
14.	BELARUS*	----	26/08/05 (Ac)	24/11/05		
15.	BELGIUM*	29/04/98	31/05/02 (R)	16/02/05		0.8%
16.	BELIZE	----	26/09/03 (Ac)	16/02/05		
17.	BENIN	----	25/02/02 (Ac)	16/02/05		
18.	BHUTAN	----	26/08/02 (Ac)	16/02/05		
19.	BOLIVIA	09/07/98	30/11/99 (R)	16/02/05		
20.	BOSNIA AND HERZEGOVINA	----	16/04/07 (Ac)	15/07/07		
21.	BOTSWANA	----	08/08/03 (Ac)	16/02/05		

* indicates an Annex I Party to the United Nations Framework Convention on Climate Change.

Last modified on: 14 January 2009

	COUNTRY	SIGNATURE	RATIFICATION, ACCEPTANCE, ACCESSION, APPROVAL	ENTRY INTO FORCE	REMARKS	% of emissions
22.	BRAZIL	29/04/98	23/08/02 (R)	16/02/05		
23.	BULGARIA*	18/09/98	15/08/02 (R)	16/02/05		0.6%
24.	BURKINA FASO	---	31/03/05 (Ac)	29/06/05		
25.	BURUNDI	---	18/10/01 (Ac)	16/02/05		
26.	CAMBODIA	---	22/08/02 (Ac)	16/02/05		
27.	CAMEROON	---	28/08/02 (Ac)	16/02/05		
28.	CANADA*	29/04/98	17/12/02 (R)	16/02/05		3.3%
29.	CAPE VERDE	---	10/02/06 (Ac)	11/05/06		
30.	CENTRAL AFRICAN REPUBLIC	---	18/03/08 (Ac)	16/06/08		
31.	CHILE	17/06/98	26/08/02 (R)	16/02/05		
32.	CHINA	29/05/98	30/08/02 (Ap)	16/02/05	(10)	
33.	COLOMBIA	---	30/11/01 (Ac)	16/02/05		
34.	COMOROS	---	10/04/08 (Ac)	09/07/08		
35.	CONGO	---	12/02/07 (Ac)	13/05/07		
36.	COOK ISLANDS	16/09/98	27/08/01 (R)	16/02/05	(4)	
37.	COSTA RICA	27/04/98	09/08/02 (R)	16/02/05		
38.	COTE D'IVOIRE		23/04/07 (Ac)	22/07/07		
39.	CROATIA*	11/03/99	30/05/07 (R)	28/08/07		
40.	CUBA	15/03/99	30/04/02 (R)	16/02/05		
41.	CYPRUS	---	16/07/99 (Ac)	16/02/05		
42.	CZECH REPUBLIC*	23/11/98	15/11/01 (Ap)	16/02/05		1.2%
43.	DEMOCRATIC PEOPLE'S REPUBLIC OF KOREA		27/04/05 (Ac)	26/07/05		
44.	DEMOCRATIC REPUBLIC OF CONGO	---	23/03/05 (Ac)	21/06/05		
45.	DENMARK*	29/04/98	31/05/02 (R)[1]	16/02/05		0.4%
46.	DJIBOUTI	---	12/03/02 (Ac)	16/02/05		
47.	DOMINICA	---	25/01/05 (Ac)	25/04/05		

---

[1] With a territorial exclusion to the Faroe Islands.

* indicates an Annex I Party to the United Nations Framework Convention on Climate Change.

Last modified on: 14 January 2009

	COUNTRY	SIGNATURE	RATIFICATION, ACCEPTANCE, ACCESSION, APPROVAL	ENTRY INTO FORCE	REMARKS	% of emissions
48.	DOMINICAN REPUBLIC	----	12/02/02 (Ac)	16/02/05		
49.	ECUADOR	15/01/99	13/01/00 (R)	16/02/05		
50.	EGYPT	15/03/99	12/01/05 (R)	12/04/05		
51.	EL SALVADOR	08/06/98	30/11/98 (R)	16/02/05		
52.	EQUATORIAL GUINEA	----	16/08/00 (Ac)	16/02/05		
53.	ERITREA	----	28/07/05 (Ac)	26/10/05		
54.	ESTONIA*	03/12/98	14/10/02 (R)	16/02/05		0.3%
55.	ETHIOPIA	----	14/04/05 (Ac)	13/07/05		
56.	EUROPEAN COMMUNITY*	29/04/98	31/05/02 (Ap)	16/02/05	(1) (8)	
57.	FIJI	17/09/98	17/09/98 (R)	16/02/05		
58.	FINLAND*	29/04/98	31/05/02 (R)	16/02/05		0.4%
59.	FRANCE*	29/04/98	31/05/02 (Ap)	16/02/05	(2) (9)	2.7%
60.	GABON	----	12/12/06 (Ac)	12/03/07		
61.	GAMBIA	----	01/06/01 (Ac)	16/02/05		
62.	GEORGIA	----	16/06/99 (Ac)	16/02/05		
63.	GERMANY*	29/04/98	31/05/02 (R)	16/02/05		7.4%
64.	GHANA	----	30/05/03 (Ac)	16/02/05		
65.	GREECE*	29/04/98	31/05/02 (R)	16/02/05		0.6%
66.	GRENADA	----	06/08/02 (Ac)	16/02/05		
67.	GUATEMALA	10/07/98	05/10/99 (R)	16/02/05		
68.	GUINEA	----	07/09/00 (Ac)	16/02/05		
69.	GUINEA-BISSAU	----	18/11/05 (Ac)	16/02/06		
70.	GUYANA	----	05/08/03 (Ac)	16/02/05		
71.	HAITI		06/07/05 (Ac)	04/10/05		
72.	HONDURAS	25/02/99	19/07/00 (R)	16/02/05		
73.	HUNGARY*	----	21/08/02 (Ac)	16/02/05		0.5%
74.	ICELAND*	----	23/05/02 (Ac)	16/02/05		0.0%
75.	INDIA	----	26/08/02 (Ac)	16/02/05		
76.	INDONESIA	13/07/98	03/12/04 (R)	03/03/05		

* indicates an Annex I Party to the United Nations Framework Convention on Climate Change.

Last modified on: 14 January 2009

COUNTRY	SIGNATURE	RATIFICATION, ACCEPTANCE, ACCESSION, APPROVAL	ENTRY INTO FORCE	REMARKS	% of emissions
77. IRAN (ISLAMIC REPUBLIC OF)		22/08/05 (Ac)	20/11/05		
78. IRELAND*	29/04/98	31/05/02 (R)	16/02/05	(3)	0.2%
79. ISRAEL	16/12/98	15/03/04 (R)	16/02/05		
80. ITALY*	29/04/98	31/05/02 (R)	16/02/05		3.1%
81. JAMAICA	---	28/06/99 (Ac)	16/02/05		
82. JAPAN*	28/04/98	04/06/02 (At)	16/02/05		8.5%
83. JORDAN	---	17/01/03 (Ac)	16/02/05		
84. KAZAKHSTAN	12/03/99				
85. KENYA		25/02/05 (Ac)	26/05/05		
86. KIRIBATI	---	07/09/00 (Ac)	16/02/05	(6)	
87. KUWAIT	---	11/03/05 (Ac)	09/06/05		
88. KYRGYZSTAN	---	13/05/03 (Ac)	16/02/05		
89. LAO DEMOCRATIC PEOPLE'S REPUBLIC	---	06/02/03 (Ac)	16/02/05		
90. LATVIA*	14/12/98	05/07/02 (R)	16/02/05		0.2%
91. LEBANON	---	13/11/06 (Ac)	11/02/07		
92. LESOTHO	---	06/09/00 (Ac)	16/02/05		
93. LIBERIA	---	05/11/02 (Ac)	16/02/05		
94. LIBYAN ARAB JAMAHIRIYA	---	24/08/06 (Ac)	22/11/06		
95. LIECHTENSTEIN*	29/06/98	03/12/04 (R)	03/03/05		
96. LITHUANIA*	21/09/98	03/01/03 (R)	16/02/05		
97. LUXEMBOURG*	29/04/98	31/05/02 (R)	16/02/05		0.1%
98. MADAGASCAR	---	24/09/03 (Ac)	16/02/05		
99. MALAWI	---	26/10/01 (Ac)	16/02/05		
100. MALAYSIA	12/03/99	04/09/02 (R)	16/02/05		
101. MALDIVES	16/03/98	30/12/98 (R)	16/02/05		
102. MALI	27/01/99	28/03/02 (R)	16/02/05		
103. MALTA	17/04/98	11/11/01 (R)	16/02/05		
104. MARSHALL ISLANDS	17/03/98	11/08/03 (R)	16/02/05		

* indicates an Annex I Party to the United Nations Framework Convention on Climate Change.

Last modified on: 14 January 2009

COUNTRY	SIGNATURE	RATIFICATION, ACCEPTANCE, ACCESSION, APPROVAL	ENTRY INTO FORCE	REMARKS	% of emissions
105. MAURITANIA		22/07/05 (Ac)	20/10/05		
106. MAURITIUS	---	09/05/01 (Ac)	16/02/05		
107. MEXICO	09/06/98	07/09/00 (R)	16/02/05		
108. MICRONESIA (FEDERATED STATES OF	17/03/98	21/06/99 (R)	16/02/05		
109. MONACO*	29/04/98	27/02/06 (R)	28/05/06		0.0%
110. MONGOLIA	---	15/12/99 (Ac)	16/02/05		
111. MONTENEGRO	---	04/06/07 (Ac)	02/09/07		
112. MOROCCO	---	25/01/02 (Ac)	16/02/05		
113. MOZAMBIQUE	---	18/01/05 (Ac)	18/04/05		
114. MYANMAR	---	13/08/03 (Ac)	16/02/05		
115. NAMIBIA	---	04/09/03 (Ac)	16/02/05		
116. NAURU	---	16/08/01 (R)	16/02/05	(7)	
117. NEPAL	---	16/09/05 (Ac)	15/12/05		
118. NETHERLANDS*	29/04/98	31/05/02 (At)[2]	16/02/05		1.2%
119. NEW ZEALAND*	22/05/98	19/12/02 (R)[3]	16/02/05	(11)	0.2%
120. NICARAGUA	07/07/98	18/11/99 (R)	16/02/05		
121. NIGER	23/10/98	30/09/04 (R)	16/02/05		
122. NIGERIA	---	10/12/04 (Ac)	10/03/05		
123. NIUE	08/12/98	06/05/99 (R)	16/02/05	(5)	
124. NORWAY*	29/04/98	30/05/02 (R)	16/02/05		0.3%
125. OMAN	---	19/01/05 (Ac)	19/04/05		
126. PAKISTAN	---	11/01/05 (Ac)	11/04/05		
127. PALAU	---	10/12/99 (Ac)	16/02/05		
128. PANAMA	08/06/98	05/03/99 (R)	16/02/05		
129. PAPUA NEW GUINEA	02/03/99	28/03/02 (R)	16/02/05		
130. PARAGUAY	25/08/98	27/08/99 (R)	16/02/05		

[2] For the Kingdom in Europe.
[3] with a territorial exclusion to Tokelau.

* indicates an Annex I Party to the United Nations Framework Convention on Climate Change.

Last modified on: 14 January 2009

COUNTRY	SIGNATURE	RATIFICATION, ACCEPTANCE, ACCESSION, APPROVAL	ENTRY INTO FORCE	REMARKS	% of emissions
131. PERU	13/11/98	12/09/02 (R)	16/02/05		
132. PHILIPPINES	15/04/98	20/11/03 (R)	16/02/05		
133. POLAND*	15/07/98	13/12/02 (R)	16/02/05		3.0%
134. PORTUGAL*	29/04/98	31/05/02 (Ap)	16/02/05		0.3%
135. QATAR	---	11/01/05 (Ac)	11/04/05		
136. REPUBLIC OF KOREA	25/09/98	08/11/02 (R)	16/02/05		
137. REPUBLIC OF MOLDOVA	---	22/04/03 (Ac)	16/02/05		
138. ROMANIA*	05/01/99	19/03/01 (R)	16/02/05		1.2%
139. RUSSIAN FEDERATION*	11/03/99	18/11/04 (R)	16/02/05		17.4%
140. RWANDA	---	22/07/04 (Ac)	16/02/05		
141. SAINT KITTS AND NEVIS		08/04/08 (Ac)	07/07/08		
142. SAINT LUCIA	16/03/98	20/08/03 (R)	16/02/05		
143. SAINT VINCENT AND THE GRENADINES	19/03/98	31/12/04 (R)	31/03/05		
144. SAMOA	16/03/98	27/11/00 (R)	16/02/05		
145. SAO TOMÉ AND PRINCIPE		25/04/08 (Ac)	24/07/08		
146. SAUDI ARABIA	---	31/01/05 (Ac)	01/05/05		
147. SENEGAL	---	20/07/01 (Ac)	16/02/05		
148. SERBIA	---	19/10/07 (Ac)	17/01/08		
149. SEYCHELLES	20/03/98	22/07/02 (R)	16/02/05		
150. SIERRA LEONE	---	10/11/06 (Ac)	08/02/07		
151. SINGAPORE	---	12/04/06 (Ac)	11/07/06		
152. SLOVAKIA*	26/02/99	31/05/02 (R)	16/02/05		0.4%
153. SLOVENIA*	21/10/98	02/08/02 (R)	16/02/05		
154. SOLOMON ISLANDS	29/09/98	13/03/03 (R)	16/02/05		
155. SOUTH AFRICA	---	31/07/02 (Ac)	16/02/05		
156. SPAIN*	29/04/98	31/05/02 (R)	16/02/05		1.9%
157. SRI LANKA	---	03/09/02 (Ac)	16/02/05		
158. SUDAN	---	02/11/04 (Ac)	16/02/05		

* indicates an Annex I Party to the United Nations Framework Convention on Climate Change.

Last modified on: 14 January 2009

COUNTRY	SIGNATURE	RATIFICATION, ACCEPTANCE, ACCESSION, APPROVAL	ENTRY INTO FORCE	REMARKS	% of emissions
159. SURINAME	----	25/09/06 (Ac)	24/12/06		
160. SWAZILAND	----	13/01/06 (Ac)	13/04/06		
161. SWEDEN*	29/04/98	31/05/02 (R)	16/02/05		0.4%
162. SWITZERLAND*	16/03/98	09/07/03 (R)	16/02/05		0.3%%
163. SYRIAN ARAB REPUBLIC	----	27/01/06 (Ac)	27/04/06		
164. TAJIKISTAN	----	05/01/09 (Ac)	05/04/09		
165. THAILAND	02/02/99	28/08/02 (R)	16/02/05		
166. THE FORMER YUGOSLAV REPUBLIC OF MACEDONIA	----	18/11/04 (Ac)	16/02/05		
167. TIMOR-LESTE	----	14/10/08 (Ac)	12./01/09		
168. TOGO	----	02/07/04 (Ac)	16/02/05		
169. TONGA	----	14/01/08 (Ac)	13/04/08		
170. TRINIDAD AND TOBAGO	07/01/99	28/01/99 (R)	16/02/05		
171. TUNISIA	----	22/01/03 (Ac)	16/02/05		
172. TURKMENISTAN	28/09/98	11/01/99 (R)	16/02/05		
173. TUVALU	16/11/98	16/11/98 (R)	16/02/05		
174. UGANDA	----	25/03/02 (Ac)	16/02/05		
175. UKRAINE*	15/03/99	12/04/04 (R)	16/02/05		
176. UNITED ARAB EMIRATES	----	26/01/05 (Ac)	26/04/05		
177. UNITED KINGDOM OF GREAT BRITAIN AND NORTHERN IRELAND*	29/04/98	31/05/02 (R)	16/02/05		4.3%
178. UNITED REPUBLIC OF TANZANIA	----	26/08/02 (Ac)	16/02/05		
179. UNITED STATES OF AMERICA*	12/11/98				
180. URUGUAY	29/07/98	05/02/01 (R)	16/02/05		
181. UZBEKISTAN	20/11/98	12/10/99 (R)	16/02/05		
182. VANUATU	----	17/07/01 (Ac)	16/02/05		
183. VENEZUELA	----	18/02/05 (Ac)	19/05/05		
184. VIET NAM	03/12/98	25/09/02 (R)	16/02/05		

* indicates an Annex I Party to the United Nations Framework Convention on Climate Change.

Last modified on: 14 January 2009

185. YEMEN	----	15/09/04 (Ac)	16/02/05		
186. ZAMBIA	05/08/98	07/07/2006 (R)	5/10/2006		
TOTAL	84	184		----	63.7%

* indicates an Annex I Party to the United Nations Framework Convention on Climate Change.

Quelle:
http://unfccc.int/files/kyoto_protocol/status_of_ratification/application/pdf/kp_ratification.pdf;
Abrufdatum 22.08.2009

Anhang 3: Annex I-Staaten

Australia
Austria
Belarus **
Belgium
Bulgaria
Canada
Croatia **
Czech Republic **
Denmark
Estonia
European Community
Finland
France
Germany
Greece
Hungary
Iceland
Ireland
Italy **
Japan
Latvia
Liechtenstein **
Lithuania
Luxembourg
Monaco **
Netherlands
New Zealand
Norway
Poland
Portugal
Romania
Russian Federation **
Slovakia **
Slovenia **
Spain
Sweden
Switzerland
Turkey **
Ukraine **
United Kingdom of Great Britain and Northern Ireland
United States of America

* Observer State
** Party for which there is a specific COP and/or CMP decision

Quelle:
http://unfccc.int/parties_and_observers/parties/annex_i/items/2774txt.php; Abrufdatum 22.08.2009

Anhang 4: Annex II-Staaten

Australia	Italy
Austria	Japan
Belgium	Luxembourg
Canada	Netherlands
Denmark	New Zealand
European Economic Community	Norway
Finland	Portugal
France	Spain
Germany	Sweden
Greece	Switzerland
Iceland	United Kingdom of Great Britain and Northern Ireland
Ireland	United States of America

Quelle:
http://unfccc.int/essential_background/convention/background/items/1348txt.php;
Abrufdatum 22.08.2009

Anhang 5: Annex A

Greenhouse gases*

Carbon dioxide (CO_2)

Methane (CH_4)

Nitrous oxide (N_2O)

Hydrofluorocarbons (HFCs)

Perfluorocarbons (PFCs)

Sulphur hexafluoride (SF_6)

* Andere Treibhausgase sind in verschiedenen internationalen Abkommen erfasst. So sind die FCKWs im Montrealer Protokoll, die indirekten Treibhausgase Kohlenmonoxid, Stickoxide und Flüchtige Organische Kohlenwasserstoffe vor allem in den "UN-ECE"-Abkommen geregelt.

Sectors/source categories

a) Energy

Fuel combustion

Energy industries

Manufacturing industries and construction

Transport

Other sectors

Other

b) Fugitive emissions from fuels

Solid fuels

Oil and natural gas

Other

c) Industrial processes

Mineral products

Chemical industry

Metal production

Other production

Production of halocarbons and sulphur hexafluoride

Consumption of halocarbons and sulphur hexafluoride

Other

d) Solvent and other product use

Agriculture

Enteric fermentation

Manure management

Rice cultivation

Agricultural soils

Prescribed burning of savannas

Field burning of agricultural residues

Other

e) Waste

Solid waste disposal on land

Wastewater handling

Waste incineration

Other

Quelle:
http://unfccc.int/resource/docs/convkp/kpeng.pdf; Seite 20; Abrufdatum 22.08.2009

Anhang 6: Annex B-Staaten und deren Reduktionsziele

Country	Target (1990** - 2008/2012)
EU-15*, Bulgaria, Czech Republic, Estonia, Latvia, Liechtenstein, Lithuania, Monaco, Romania, Slovakia, Slovenia, Switzerland	-8%
US*	-7%
Canada, Hungary, Japan, Poland	-6%
Croatia	-5%
New Zealand, Russian Federation, Ukraine	0
Norway	+1%
Australia	+8%
Iceland	+10%

* The 15 States who were EU members in 1990 will redistribute their targets among themselves, taking advantage of a scheme under the Protocol known as a "bubble", whereby countries have different individual targets, but which combined make an overall target for that group of countries. The EU has already reached agreement on how its targets will be redistributed.
** Some Economies in transition (EITs) have a baseline other than 1990.
*** The US has not to ratified the Kyoto Protocol
Note: Although they are listed in the Convention's Annex I, Belarus and Turkey are not included in the Protocol's Annex B as they were not Parties to the Convention when the Protocol was adopted.

Quelle:
http://unfccc.int/kyoto_protocol/items/3145.php; Abrufdatum 22.08.2009

Anhang 7: EU-Emissionshandelsrichtlinie

RICHTLINIE 2003/87/EG DES EUROPÄISCHEN PARLAMENTS UND DES RATES
vom 13. Oktober 2003
über ein System für den Handel mit Treibhausgasemissionszertifikaten in der Gemeinschaft und zur Änderung der Richtlinie 96/61/EG des Rates

(Text von Bedeutung für den EWR)

DAS EUROPÄISCHE PARLAMENT UND DER RAT DER EUROPÄISCHEN UNION —

gestützt auf den Vertrag zur Gründung der Europäischen Gemeinschaft, insbesondere auf Artikel 175 Absatz 1,

auf Vorschlag der Kommission [1],

nach Stellungnahme des Europäischen Wirtschafts- und Sozialausschusses [2],

nach Stellungnahme des Ausschusses der Regionen [3],

gemäß dem Verfahren des Artikels 251 des Vertrags [4],

in Erwägung nachstehender Gründe:

(1) Mit dem Grünbuch zum Handel mit Treibhausgasemissionen in der Europäischen Union wurde eine europaweite Diskussion über die Angemessenheit und das mögliche Funktionieren des Handels mit Treibhausgasemissionen innerhalb der Europäischen Union in Gang gebracht. Gegenstand des Europäischen Programms zur Klimaänderung (ECCP) waren politische Konzepte und Maßnahmen der Gemeinschaft im Rahmen eines Prozesses, der auf der Einbeziehung vieler Interessengruppen basierte, sowie ein System für den Handel mit Treibhausgasemissionszertifikaten in der Gemeinschaft (Gemeinschaftssystem) nach dem Modell des Grünbuchs. In seinen Schlussfolgerungen vom 8. März 2001 erkannte der Rat die besondere Bedeutung des Europäischen Programms zur Klimaänderung und der Arbeiten auf der Grundlage des Grünbuchs an und unterstrich die Dringlichkeit konkreter Maßnahmen auf Gemeinschaftsebene.

(2) Im sechsten Aktionsprogramm der Gemeinschaft für die Umwelt, das mit der Entscheidung Nr. 1600/2002/EG des Europäischen Parlaments und des Rates [5] eingeführt wurde, wird die Klimaänderung als vorrangiger Maßnahmenbereich definiert und die Einrichtung eines gemeinschaftsweiten Systems für den Emissionshandel bis 2005 gefordert. In dem Programm wird bekräftigt, dass die Gemeinschaft sich zu einer 8%igen Verringerung ihrer Treibhausgasemissionen im Zeitraum 2008-2012 gegenüber dem Stand von 1990 verpflichtet hat und dass die globalen Treibhausgasemissionen längerfristig gegenüber dem Stand von 1990 um etwa 70 % gesenkt werden müssen.

(3) Das Ziel des Rahmenübereinkommens der Vereinten Nationen über Klimaänderungen, das mit dem Beschluss 94/69/EG des Rates vom 15. Dezember 1993 über den Abschluss des Rahmenübereinkommens der Vereinten Nationen über Klimaänderungen [6] genehmigt wurde, ist letztlich die Stabilisierung der Treibhausgaskonzentrationen in der Atmosphäre auf einem Stand, der eine gefährliche vom Menschen verursachte Beeinflussung des Klimasystems verhindert.

(4) Bei Inkrafttreten des Kyoto-Protokolls, das mit der Entscheidung 2002/358/EG des Rates vom 25. April 2002 über die Genehmigung des Protokolls von Kyoto zum Rahmenübereinkommen der Vereinten Nationen über Klimaänderungen im Namen der Europäischen Gemeinschaft sowie die gemeinsame Erfüllung der daraus erwachsenden Verpflichtungen [7] genehmigt wurde, werden die Gemeinschaft und ihre Mitgliedstaaten verpflichtet sein, ihre gemeinsamen anthropogenen Treibhausgasemissionen, die in Anhang A des Protokolls aufgeführt sind, im Zeitraum 2008-2012 gegenüber dem Stand von 1990 um 8 % zu senken.

(5) Die Gemeinschaft und ihre Mitgliedstaaten sind übereingekommen, ihre Verpflichtungen zur Verringerung der anthropogenen Treibhausgasemissionen im Rahmen des Kyoto-Protokolls gemäß der Entscheidung 2002/358/EG gemeinsam zu erfüllen. Diese Richtlinie soll dazu beitragen, dass die Verpflichtungen der Europäischen Gemeinschaft und ihrer Mitgliedstaaten durch einen effizienten europäischen Markt für Treibhausgasemissionszertifikate effektiver und unter möglichst geringer Beeinträchtigung der wirtschaftlichen Entwicklung und der Beschäftigungslage erfüllt werden.

(6) Durch die Entscheidung 93/389/EWG des Rates vom 24. Juni 1993 über ein System zur Beobachtung der Emissionen von CO_2 und anderen Treibhausgasen in der Gemeinschaft [8] wurde ein System zur Beobachtung der Treibhausgasemissionen und zur Bewertung der Fortschritte bei der Erfüllung der Verpflichtungen im Hinblick auf diese Emissionen eingeführt. Dieses System wird es den Mitgliedstaaten erleichtern, die Gesamtmenge der zuteilbaren Zertifikate zu bestimmen.

(7) Gemeinschaftsvorschriften für die Zuteilung der Zertifikate durch die Mitgliedstaaten sind notwendig, um die Integrität des Binnenmarktes zu erhalten und Wettbewerbsverzerrungen zu vermeiden.

---
[1] ABl. C 75 E vom 26.3.2002, S. 33.
[2] ABl. C 221 vom 17.9.2002, S. 27.
[3] ABl. C 192 vom 12.8.2002, S. 59.
[4] Stellungnahme des Europäischen Parlaments vom 10. Oktober 2002 (noch nicht im Amtsblatt veröffentlicht), Gemeinsamer Standpunkt des Rates vom 18. März 2003 (ABl. C 125 E vom 27.5.2003, S. 72), Beschluss des Europäischen Parlaments vom 2. Juli 2003 (noch nicht im Amtsblatt veröffentlicht) und Beschluss des Rates vom 22. Juli 2003.
[5] ABl. L 242 vom 10.9.2002, S. 1.
[6] ABl. L 33 vom 7.2.1994, S. 11.
[7] ABl. L 130 vom 15.5.2002, S. 1.
[8] ABl. L 167 vom 9.7.1993, S. 31. Geändert durch die Entscheidung 1999/296/EG (ABl. L 117 vom 5.5.1999, S. 35).

(8) Die Mitgliedstaaten sollten bei der Zuteilung von Zertifikaten das Potenzial bei Tätigkeiten industrieller Verfahren berücksichtigen, die Emissionen zu verringern.

(9) Die Mitgliedstaaten können vorsehen, dass Zertifikate, die für einen 2008 beginnenden Fünfjahreszeitraum gültig sind, nur an Personen für gelöschte Zertifikate entsprechend der Emissionsverringerung vergeben werden, die diese Personen in ihrem Staatsgebiet während eines 2005 beginnenden Dreijahreszeitraums erzielt haben.

(10) Beginnend mit dem genannten Fünfjahreszeitraum wird die Übertragung von Zertifikaten an andere Mitgliedstaaten mit entsprechenden Anpassungen der im Rahmen des Kyoto-Protokolls zugeteilten Mengen verknüpft.

(11) Die Mitgliedstaaten sollten sicherstellen, dass die Betreiber bestimmter Tätigkeiten eine Genehmigung zur Emission von Treibhausgasen besitzen und ihre Emissionen der für diese Tätigkeiten spezifizierten Treibhausgase überwachen und darüber Bericht erstatten.

(12) Die Mitgliedstaaten sollten Vorschriften über Sanktionen festlegen, die bei einem Verstoß gegen diese Richtlinie zu verhängen sind, und deren Durchsetzung gewährleisten. Die Sanktionen müssen wirksam, verhältnismäßig und abschreckend sein.

(13) Um Transparenz zu gewährleisten, sollte die Öffentlichkeit Zugang zu Informationen über die Zuteilung von Zertifikaten und die Ergebnisse der Überwachung von Emissionen erhalten, der nur den Beschränkungen gemäß der Richtlinie 2003/4/EG des Europäischen Parlaments und des Rates vom 28. Januar 2003 über den Zugang der Öffentlichkeit zu Umweltinformationen (¹) unterliegt.

(14) Die Mitgliedstaaten sollten einen Bericht über die Durchführung dieser Richtlinie vorlegen, der gemäß der Richtlinie 91/692/EWG des Rates vom 23. Dezember 1991 zur Vereinheitlichung und zweckmäßigen Gestaltung der Berichte über die Durchführung bestimmter Umweltschutzrichtlinien (²) erstellt wird.

(15) Die Einbeziehung zusätzlicher Anlagen in das Gemeinschaftssystem sollte gemäß den Bestimmungen dieser Richtlinie erfolgen, wodurch Emissionen von anderen Treibhausgasen als Kohlendioxid, etwa bei Tätigkeiten der Aluminium- und Chemieindustrie, durch das Gemeinschaftssystem abgedeckt werden können.

(16) Diese Richtlinie sollte die Mitgliedstaaten nicht daran hindern, nationale Handelssysteme zur Regelung der Treibhausgasemissionen aus anderen als den in Anhang I aufgeführten oder in das Gemeinschaftssystem einbezogenen Tätigkeiten oder aus Anlagen, die vorübergehend aus dem Gemeinschaftssystem ausgeschlossen sind, beizubehalten oder einzuführen.

(17) Die Mitgliedstaaten können als Vertragsparteien des Protokolls von Kyoto am internationalen Emissionshandel mit den anderen in Anhang B dieses Protokolls aufgeführten Parteien teilnehmen.

(18) Die Herstellung einer Verbindung zwischen dem Gemeinschaftssystem und den Systemen für den Handel mit Treibhausgasemissionen in Drittländern wird zu einer höheren Kosteneffizienz bei der Verwirklichung der Emissionsverringerungsziele der Gemeinschaft führen, die in der Entscheidung 2002/358/EG über die gemeinsame Erfüllung der Verpflichtungen vorgesehen sind.

(19) Projektbezogene Mechanismen, einschließlich des Joint Implementation (JI) und des Clean Development Mechanism (CDM), sind wichtig für die Verwirklichung des Zieles, sowohl die Emissionen von Treibhausgasen weltweit zu verringern als auch die Kosteneffizienz des Gemeinschaftssystems zu verbessern. Im Einklang mit den einschlägigen Bestimmungen des Kyoto-Protokolls und der Vereinbarungen von Marrakesch sollte der Einsatz der Mechanismen als Begleitmaßnahme zu innerstaatlichen Maßnahmen erfolgen, und innerstaatliche Maßnahmen werden somit ein wichtiges Element der unternommenen Bemühungen sein.

(20) Diese Richtlinie wird den Einsatz energieeffizienterer Technologien, einschließlich der Kraft-Wärme-Kopplungstechnologie, mit geringeren Emissionen je Produktionseinheit fördern, wogegen die zukünftige Richtlinie über die Förderung einer am Nutzwärmebedarf orientierten Kraft-Wärme-Kopplung im Energiebinnenmarkt speziell die Kraft-Wärme-Kopplungstechnologie fördern wird.

(21) Mit der Richtlinie 96/61/EG des Rates vom 24. September 1996 über die integrierte Vermeidung und Verminderung der Umweltverschmutzung (³) wurde eine allgemeine Regelung zur Vermeidung und Verminderung der Umweltverschmutzung eingeführt, in deren Rahmen auch Genehmigungen für Treibhausgasemissionen erteilt werden können. Die Richtlinie 96/61/EG sollte dahin gehend geändert werden, dass — unbeschadet der sonstigen in jener Richtlinie geregelten Anforderungen — keine Emissionsgrenzwerte für direkte Emissionen von Treibhausgasen aus Anlagen, die unter die vorliegende Richtlinie fallen, vorgeschrieben werden und dass es den Mitgliedstaaten freisteht, keine Energieeffizienzanforderungen in Bezug auf Verbrennungseinheiten oder andere Einheiten am Standort, die Kohlendioxid ausstoßen, festzulegen.

(22) Diese Richtlinie ist mit dem Rahmenübereinkommen der Vereinten Nationen über Klimaänderungen und dem Kyoto-Protokoll vereinbar. Sie sollte anhand der diesbezüglichen Entwicklungen sowie zur Berücksichtigung der Erfahrungen mit ihrer Durchführung und der bei der Überwachung der Treibhausgasemissionen erzielten Fortschritte überprüft werden.

(¹) ABl. L 41 vom 14.2.2003, S. 26.
(²) ABl. L 377 vom 31.12.1991, S. 48.

(³) ABl. L 257 vom 10.10.1996, S. 26.

(23) Der Emissionszertifikatehandel sollte Teil eines umfassenden und kohärenten Politik- und Maßnahmenpakets sein, das auf Ebene der Mitgliedstaaten und der Gemeinschaft durchgeführt wird. Unbeschadet der Anwendung der Artikel 87 und 88 des Vertrags können die Mitgliedstaaten bei Tätigkeiten, die unter das Gemeinschaftssystem fallen, die Auswirkungen von ordnungs- und steuerpolitischen sowie sonstigen Maßnahmen prüfen, die auf die gleichen Ziele gerichtet sind. Bei der Überprüfung der Richtlinie sollte berücksichtigt werden, in welchem Umfang diese Ziele erreicht wurden.

(24) Die Erhebung von Steuern kann im Rahmen der einzelstaatlichen Politik ein Instrument darstellen, mit dem sich Emissionen aus Anlagen, die vorübergehend ausgeschlossen sind, begrenzen lassen.

(25) Politik und Maßnahmen sollten auf Ebene der Mitgliedstaaten und der Gemeinschaft in allen Wirtschaftssektoren der Europäischen Union, nicht nur in den Sektoren Industrie und Energie, durchgeführt werden, um zu erheblichen Emissionsverringerungen zu gelangen. Die Kommission sollte insbesondere Politik und Maßnahmen auf Gemeinschaftsebene in Betracht ziehen, damit der Verkehrssektor einen wesentlichen Beitrag dazu leistet, dass die Gemeinschaft und ihre Mitgliedstaaten ihren Klimaschutzverpflichtungen gemäß dem Kyoto-Protokoll nachkommen können.

(26) Ungeachtet des vielfältigen Potenzials marktgestützter Mechanismen sollte die Strategie der Europäischen Union zur Bekämpfung der Klimaänderung auf der Ausgewogenheit zwischen dem Gemeinschaftssystem und anderen Arten gemeinschaftlicher, einzelstaatlicher und internationaler Maßnahmen beruhen.

(27) Diese Richtlinie steht in Einklang mit den Grundrechten und befolgt die insbesondere in der Charta der Grundrechte der Europäischen Union anerkannten Prinzipien.

(28) Die zur Durchführung dieser Richtlinie erforderlichen Maßnahmen sollten gemäß dem Beschluss 1999/468/EG des Rates vom 28. Juni 1999 zur Festlegung der Modalitäten für die Ausübung der der Kommission übertragenen Durchführungsbefugnisse (³) erlassen werden.

(29) Da die Kriterien 1, 5 und 7 des Anhangs III nicht im Komitologieverfahren geändert werden können, sollten Änderungen hinsichtlich Zeiträumen nach 2012 ausschließlich im Mitentscheidungsverfahren erfolgen.

(30) Da das Ziel der beabsichtigten Maßnahme, nämlich die Schaffung eines Gemeinschaftssystems, durch individuelles Handeln der Mitgliedstaaten nicht ausreichend erreicht werden kann und daher wegen des Umfangs und der Auswirkungen der beabsichtigten Maßnahme besser auf Gemeinschaftsebene zu erreichen ist, kann die Gemeinschaft im Einklang mit dem in Artikel 5 des Vertrags niedergelegten Subsidiaritätsprinzip tätig werden. Gemäß dem in demselben Artikel genannten Verhältnismäßigkeitsprinzip geht diese Richtlinie nicht über das für die Erreichung dieses Ziels erforderliche Maß hinaus —

HABEN FOLGENDE RICHTLINIE ERLASSEN:

Artikel 1

Gegenstand

Mit dieser Richtlinie wird ein System für den Handel mit Treibhausgasemissionszertifikaten in der Gemeinschaft (nachstehend „Gemeinschaftssystem" genannt) geschaffen, um auf kosteneffiziente und wirtschaftlich effiziente Weise auf eine Verringerung von Treibhausgasemissionen hinzuwirken.

Artikel 2

Geltungsbereich

(1) Diese Richtlinie gilt für die Emissionen aus den in Anhang I aufgeführten Tätigkeiten und die Emissionen der in Anhang II aufgeführten Treibhausgase.

(2) Diese Richtlinie gilt unbeschadet der Anforderungen gemäß Richtlinie 96/61/EG.

Artikel 3

Begriffsbestimmungen

Im Sinne dieser Richtlinie bezeichnet der Ausdruck

a) „Zertifikat" das Zertifikat, das zur Emission von einer Tonne Kohlendioxidäquivalent in einem bestimmten Zeitraum berechtigt; es gilt nur für die Erfüllung der Anforderungen dieser Richtlinie und kann nach Maßgabe dieser Richtlinie übertragen werden;

b) „Emissionen" die Freisetzung von Treibhausgasen in die Atmosphäre aus Quellen in einer Anlage;

c) „Treibhausgase" die in Anhang II aufgeführten Gase;

d) „Genehmigung zur Emission von Treibhausgasen" eine Genehmigung, die gemäß den Artikeln 5 und 6 erteilt wird;

e) „Anlage" eine ortsfeste technische Einheit, in der eine oder mehrere der in Anhang I genannten Tätigkeiten sowie andere unmittelbar damit verbundene Tätigkeiten durchgeführt werden, die mit den an diesem Standort durchgeführten Tätigkeiten in einem technischen Zusammenhang stehen und die Auswirkungen auf die Emissionen und die Umweltverschmutzung haben können;

f) „Betreiber" eine Person, die eine Anlage betreibt oder besitzt oder der — sofern in den nationalen Rechtsvorschriften vorgesehen — die ausschlaggebende wirtschaftliche Verfügungsmacht über den technischen Betrieb einer Anlage übertragen worden ist;

g) „Person" jede natürliche oder juristische Person;

(³) ABl. L 184 vom 17.7.1999, S. 23.

h) „neuer Marktteilnehmer" eine Anlage, die eine oder mehrere der in Anhang I aufgeführten Tätigkeiten durchführt und der nach Übermittlung des nationalen Zuteilungsplans an die Kommission eine Genehmigung zur Emission von Treibhausgasen oder infolge einer Änderung der Art oder Funktionsweise oder einer Erweiterung der Anlage eine entsprechende aktualisierte Genehmigung erteilt wurde;

i) „Öffentlichkeit" eine oder mehrere Personen sowie gemäß den nationalen Rechtsvorschriften oder der nationalen Praxis Zusammenschlüsse, Organisationen oder Gruppen von Personen;

j) „Tonne Kohlendioxidäquivalent" eine metrische Tonne Kohlendioxid (CO_2) oder eine Menge eines anderen in Anhang II aufgeführten Treibhausgases mit einem äquivalenten Erderwärmungspotenzial.

Artikel 4

Genehmigungen zur Emission von Treibhausgasen

Die Mitgliedstaaten stellen sicher, dass ab dem 1. Januar 2005 Anlagen die in Anhang I genannten Tätigkeiten, bei denen die für diese Tätigkeiten spezifizierten Emissionen entstehen, nur durchführen, wenn der Betreiber über eine Genehmigung verfügt, die von einer zuständigen Behörde gemäß den Artikeln 5 und 6 erteilt wurde, oder wenn die Anlage gemäß Artikel 27 vorübergehend aus dem Gemeinschaftssystem ausgeschlossen wurde.

Artikel 5

Anträge auf Erteilung der Genehmigung zur Emission von Treibhausgasen

An die zuständige Behörde gerichtete Anträge auf Erteilung von Genehmigungen zur Emission von Treibhausgasen müssen Angaben zu folgenden Punkten enthalten:

a) Anlage und dort durchgeführte Tätigkeiten und verwendete Technologie,

b) Rohmaterialien und Hilfsstoffe, deren Verwendung wahrscheinlich mit Emissionen von in Anhang I aufgeführten Gasen verbunden ist,

c) Quellen der Emissionen von in Anhang I aufgeführten Gasen aus der Anlage und

d) geplante Maßnahmen zur Überwachung und Berichterstattung betreffend Emissionen im Einklang mit den gemäß Artikel 14 erlassenen Leitlinien.

Dem Antrag ist eine nicht-technische Zusammenfassung der in Unterabsatz 1 genannten Punkte beizufügen.

Artikel 6

Voraussetzungen für die Erteilung und Inhalt der Genehmigung zur Emission von Treibhausgasen

(1) Die zuständige Behörde erteilt eine Genehmigung zur Emission von Treibhausgasen, durch die die Emission von Treibhausgasen aus der gesamten Anlage oder aus Teilen davon genehmigt wird, wenn sie davon überzeugt ist, dass der Betreiber in der Lage ist, die Emissionen zu überwachen und darüber Bericht zu erstatten.

Eine Genehmigung zur Emission von Treibhausgasen kann sich auf eine oder mehrere vom selben Betreiber am selben Standort betriebene Anlagen beziehen.

(2) Genehmigungen zur Emission von Treibhausgasen enthalten folgende Angaben:

a) Name und Anschrift des Betreibers,

b) Beschreibung der Tätigkeiten und Emissionen der Anlage,

c) Überwachungsauflagen, in denen Überwachungsmethode und -häufigkeit festgelegt sind,

d) Auflagen für die Berichterstattung und

e) eine Verpflichtung zur Abgabe von Zertifikaten in Höhe der — nach Artikel 15 geprüften — Gesamtemissionen der Anlage in jedem Kalenderjahr binnen vier Monaten nach Jahresende.

Artikel 7

Änderungen im Zusammenhang mit den Anlagen

Der Betreiber unterrichtet die zuständige Behörde von allen geplanten Änderungen der Art oder Funktionsweise der Anlage sowie für eine Erweiterung der Anlage, die eine Aktualisierung der Genehmigung zur Emission von Treibhausgasen erfordern könnten. Bei Bedarf aktualisiert die zuständige Behörde die Genehmigung. Ändert sich die Identität des Anlagenbetreibers, so aktualisiert die zuständige Behörde die Genehmigung in Bezug auf Name und Anschrift des neuen Betreibers.

Artikel 8

Abstimmung mit der Richtlinie 96/61/EG

Die Mitgliedstaaten ergreifen die erforderlichen Maßnahmen, um sicherzustellen, dass bei Anlagen, deren Tätigkeiten in Anhang I der Richtlinie 96/61/EG aufgeführt sind, die Voraussetzungen und das Verfahren für die Erteilung einer Genehmigung zur Emission von Treibhausgasen mit denjenigen für die in jener Richtlinie vorgesehene Genehmigung abgestimmt werden. Die Anforderungen der Artikel 5, 6 und 7 der vorliegenden Richtlinie können in die Verfahren gemäß der Richtlinie 96/61/EG integriert werden.

Artikel 9

Nationaler Zuteilungsplan

(1) Die Mitgliedstaaten stellen für jeden in Artikel 11 Absätze 1 und 2 genannten Zeitraum einen nationalen Plan auf, aus dem hervorgeht, wie viele Zertifikate sie insgesamt für diesen Zeitraum zuzuteilen beabsichtigen und wie sie die Zertifikate zuzuteilen gedenken. Dieser Plan ist auf objektive und transparente Kriterien zu stützen, einschließlich der in Anhang III genannten Kriterien, wobei die Bemerkungen der Öffentlichkeit angemessen zu berücksichtigen sind. Die Kommission erarbeitet unbeschadet des Vertrags bis spätestens 31. Dezember 2003 eine Anleitung zur Anwendung der in Anhang III aufgeführten Kriterien.

Für den in Artikel 11 Absatz 1 genannten Zeitraum wird der Plan spätestens am 31. März 2004 veröffentlicht und der Kommission und den übrigen Mitgliedstaaten übermittelt. Für die folgenden Zeiträume werden die Pläne mindestens achtzehn Monate vor Beginn des betreffenden Zeitraums veröffentlicht und der Kommission und den übrigen Mitgliedstaaten übermittelt.

(2) Die nationalen Zuteilungspläne werden in dem in Artikel 23 Absatz 1 genannten Ausschuss erörtert.

(3) Innerhalb von drei Monaten nach Übermittlung eines nationalen Zuteilungsplans durch einen Mitgliedstaat gemäß Absatz 1 kann die Kommission den Plan oder einen Teil davon ablehnen, wenn er mit den in Anhang III aufgeführten Kriterien oder mit Artikel 10 unvereinbar ist. Der Mitgliedstaat trifft eine Entscheidung nach Artikel 11 Absatz 1 oder 2 nur dann, wenn Änderungsvorschläge von der Kommission akzeptiert werden. Ablehnende Entscheidungen sind von der Kommission zu begründen.

Artikel 10

Zuteilungsmethode

Für den am 1. Januar 2005 beginnenden Dreijahreszeitraum teilen die Mitgliedstaaten mindestens 95 % der Zertifikate kostenlos zu. Für den am 1. Januar 2008 beginnenden Fünfjahreszeitraum teilen die Mitgliedstaaten mindestens 90 % der Zertifikate kostenlos zu.

Artikel 11

Zuteilung und Vergabe von Zertifikaten

(1) Für den am 1. Januar 2005 beginnenden Dreijahreszeitraum entscheidet jeder Mitgliedstaat über die Gesamtzahl der Zertifikate, die er für diesen Zeitraum zuteilen wird, sowie über die Zuteilung dieser Zertifikate an die Betreiber der einzelnen Anlagen. Diese Entscheidung wird mindestens drei Monate vor Beginn des Zeitraums getroffen, und zwar auf der Grundlage des gemäß Artikel 9 aufgestellten nationalen Zuteilungsplans, im Einklang mit Artikel 10 und unter angemessener Berücksichtigung der Bemerkungen der Öffentlichkeit.

(2) Für den am 1. Januar 2008 beginnenden Fünfjahreszeitraum und jeden folgenden Fünfjahreszeitraum entscheidet jeder Mitgliedstaat über die Gesamtzahl der Zertifikate, die er für diesen Zeitraum zuteilen wird, und leitet das Verfahren für die Zuteilung dieser Zertifikate an die Betreiber der einzelnen Anlagen ein. Diese Entscheidung wird mindestens zwölf Monate vor Beginn des betreffenden Zeitraums getroffen, und zwar auf der Grundlage des gemäß Artikel 9 aufgestellten nationalen Zuteilungsplans des Mitgliedstaats, im Einklang mit Artikel 10 und unter angemessener Berücksichtigung der Bemerkungen der Öffentlichkeit.

(3) Entscheidungen gemäß Absatz 1 oder 2 müssen im Einklang mit dem Vertrag, insbesondere mit den Artikeln 87 und 88, stehen. Bei der Entscheidung über die Zuteilung berücksichtigen die Mitgliedstaaten die Notwendigkeit, neuen Marktteilnehmern den Zugang zu Zertifikaten zu ermöglichen.

(4) Die zuständige Behörde vergibt einen Teil der Gesamtmenge der Zertifikate bis zum 28. Februar jeden Jahres des in Absatz 1 oder 2 genannten Zeitraums.

Artikel 12

Übertragung, Abgabe und Löschung von Zertifikaten

(1) Die Mitgliedstaaten stellen sicher, dass Zertifikate übertragbar sind zwischen

a) Personen innerhalb der Gemeinschaft,

b) Personen innerhalb der Gemeinschaft und Personen in Drittländern, in denen diese Zertifikate nach dem in Artikel 25 genannten Verfahren anerkannt werden, wobei nur die Beschränkungen Anwendung finden, die in dieser Richtlinie geregelt sind oder gemäß dieser Richtlinie erlassen werden.

(2) Die Mitgliedstaaten stellen sicher, dass Zertifikate, die von der zuständigen Behörde eines anderen Mitgliedstaates vergeben wurden, für die Erfüllung der Verpflichtungen eines Betreibers aus Absatz 3 genutzt werden können.

(3) Die Mitgliedstaaten stellen sicher, dass der Betreiber für jede Anlage bis spätestens 30. April jeden Jahres eine Anzahl von Zertifikaten abgibt, die den — nach Artikel 15 geprüften — Gesamtemissionen der Anlage im vorhergehenden Kalenderjahr entspricht, und dass diese Zertifikate anschließend gelöscht werden.

(4) Die Mitgliedstaaten stellen durch die notwendigen Maßnahmen sicher, dass Zertifikate jederzeit gelöscht werden, wenn der Inhaber dies beantragt.

Artikel 13

Gültigkeit der Zertifikate

(1) Die Zertifikate sind gültig für Emissionen während des in Artikel 11 Absatz 1 oder 2 genannten Zeitraums, für den sie vergeben werden.

(2) Vier Monate nach Beginn des ersten in Artikel 11 Absatz 2 genannten Fünfjahreszeitraums werden Zertifikate, die nicht mehr gültig sind und nicht gemäß Artikel 12 Absatz 3 abgegeben und gelöscht wurden, von der zuständigen Behörde gelöscht.

Die Mitgliedstaaten können Zertifikate an Personen für den laufenden Zeitraum vergeben, um Zertifikate zu ersetzen, die diese Personen besaßen und die gemäß Unterabsatz 1 gelöscht wurden.

(3) Vier Monate nach Beginn jedes folgenden in Artikel 11 Absatz 2 genannten Fünfjahreszeitraums werden Zertifikate, die nicht mehr gültig sind und nicht gemäß Artikel 12 Absatz 3 abgegeben und gelöscht wurden, von der zuständigen Behörde gelöscht.

Die Mitgliedstaaten vergeben Zertifikate an Personen für den laufenden Zeitraum, um Zertifikate zu ersetzen, die diese Personen besaßen und die gemäß Unterabsatz 1 gelöscht wurden.

Artikel 14

Leitlinien für die Überwachung und Berichterstattung betreffend Emissionen

(1) Die Kommission verabschiedet bis zum 30. September 2003 nach dem in Artikel 23 Absatz 2 genannten Verfahren Leitlinien für die Überwachung und Berichterstattung betreffend Emissionen aus in Anhang I aufgeführten Tätigkeiten von für diese Tätigkeiten spezifizierten Treibhausgasen. Die Leitlinien basieren auf den in Anhang IV dargestellten Grundsätzen für die Überwachung und Berichterstattung.

(2) Die Mitgliedstaaten sorgen dafür, dass die Emissionen im Einklang mit den Leitlinien überwacht werden.

(3) Die Mitgliedstaaten sorgen dafür, dass jeder Betreiber einer Anlage der zuständigen Behörde über die Emissionen dieser Anlage in jedem Kalenderjahr nach Ende dieses Jahres im Einklang mit den Leitlinien Bericht erstattet.

Artikel 15

Prüfung

Die Mitgliedstaaten stellen sicher, dass die von den Betreibern gemäß Artikel 14 Absatz 3 vorgelegten Berichte anhand der Kriterien des Anhangs V geprüft werden und die zuständige Behörde hiervon unterrichtet wird.

Die Mitgliedstaaten stellen sicher, dass ein Betreiber, dessen Bericht bis zum 31. März jeden Jahres in Bezug auf die Emissionen des Vorjahres nicht gemäß den Kriterien des Anhangs V als zufrieden stellend bewertet wurde, keine weiteren Zertifikate übertragen kann, bis ein Bericht dieses Betreibers als zufrieden stellend bewertet wurde.

Artikel 16

Sanktionen

(1) Die Mitgliedstaaten legen Vorschriften über Sanktionen fest, die bei einem Verstoß gegen die gemäß dieser Richtlinie erlassenen nationalen Vorschriften zu verhängen sind, und treffen die notwendigen Maßnahmen, um die Durchsetzung dieser Vorschriften zu gewährleisten. Die Sanktionen müssen wirksam, verhältnismäßig und abschreckend sein. Die Mitgliedstaaten teilen der Kommission diese Vorschriften spätestens am 31. Dezember 2003 mit und melden ihr spätere Änderungen unverzüglich.

(2) Die Mitgliedstaaten stellen sicher, dass die Namen der Betreiber, die gegen die Verpflichtungen nach Artikel 12 Absatz 3 zur Abgabe einer ausreichenden Anzahl von Zertifikaten verstoßen, veröffentlicht werden.

(3) Die Mitgliedstaaten stellen sicher, dass Betreibern, die nicht bis zum 30. April jeden Jahres eine ausreichende Anzahl von Zertifikaten zur Abdeckung ihrer Emissionen im Vorjahr abgeben, eine Sanktion wegen Emissionsüberschreitung auferlegt wird. Die Sanktion wegen Emissionsüberschreitung beträgt für jede von der Anlage ausgestoßene Tonne Kohlendioxidäquivalent, für die der Betreiber keine Zertifikate abgegeben hat, 100 EUR. Die Zahlung der Sanktion entbindet den Betreiber nicht von der Verpflichtung, Zertifikate in Höhe dieser Emissionsüberschreitung abzugeben, wenn er die Zertifikate für das folgende Kalenderjahr abgibt.

(4) Während des am 1. Januar 2005 beginnenden Dreijahreszeitraums verhängen die Mitgliedstaaten für jede von der Anlage ausgestoßene Tonne Kohlendioxidäquivalent, für die der Betreiber keine Zertifikate abgegeben hat, eine niedrigere Sanktion wegen Emissionsüberschreitung in Höhe von 40 EUR. Die Zahlung der Sanktion entbindet den Betreiber nicht von der Verpflichtung, Zertifikate in Höhe dieser Emissionsüberschreitung abzugeben, wenn er die Zertifikate für das folgende Kalenderjahr abgibt.

Artikel 17

Zugang zu Informationen

Entscheidungen über die Zuteilung von Zertifikaten und die Emissionsberichte, die gemäß der Genehmigung zur Emission von Treibhausgasen zu übermitteln sind und der zuständigen Behörde vorliegen, werden der Öffentlichkeit von dieser Behörde zugänglich gemacht, wobei die Einschränkungen gemäß Artikel 3 Absatz 3 und Artikel 4 der Richtlinie 2003/4/EG zu beachten sind.

Artikel 18

Zuständige Behörde

Die Mitgliedstaaten sorgen für die Schaffung des für die Durchführung dieser Richtlinie geeigneten verwaltungstechnischen Rahmens, einschließlich der Benennung der entsprechenden zuständigen Behörde(n). Wird mehr als eine zuständige Behörde benannt, so muss die Tätigkeit der betreffenden Behörden im Rahmen dieser Richtlinie koordiniert werden.

Artikel 19

Register

(1) Die Mitgliedstaaten sorgen für die Einrichtung und Aktualisierung eines Registers, um die genaue Verbuchung von Vergabe, Besitz, Übertragung und Löschung von Zertifikaten zu gewährleisten. Die Mitgliedstaaten können ihre Register im Rahmen eines konsolidierten Systems gemeinsam mit einem oder mehreren anderen Mitgliedstaaten führen.

(2) Jede Person kann Inhaber von Zertifikaten sein. Das Register ist der Öffentlichkeit zugänglich zu machen und in getrennte Konten aufzugliedern, um die Zertifikate der einzelnen Personen zu erfassen, an die und von denen Zertifikate vergeben oder übertragen werden.

(3) Im Hinblick auf die Durchführung dieser Richtlinie erlässt die Kommission nach dem in Artikel 23 Absatz 2 genannten Verfahren eine Verordnung über ein standardisiertes und sicheres Registrierungssystem in Form standardisierter elektronischer Datenbanken mit gemeinsamen Datenelementen zur Verfolgung von Vergabe, Besitz, Übertragung und Löschung von Zertifikaten, zur Gewährleistung des Zugangs der Öffentlichkeit und angemessener Vertraulichkeit und um sicherzustellen, dass keine Übertragungen erfolgen, die mit den Verpflichtungen aus dem Kyoto-Protokoll unvereinbar sind.

Artikel 20

Zentralverwalter

(1) Die Kommission benennt einen Zentralverwalter, um ein unabhängiges Transaktionsprotokoll über Vergabe, Übertragung und Löschung der Zertifikate zu führen.

(2) Der Zentralverwalter führt anhand des unabhängigen Transaktionsprotokolls eine automatisierte Kontrolle jeder Transaktion in den Registern durch, um sicherzustellen, dass keine Unregelmäßigkeiten bezüglich Vergabe, Übertragung und Löschung der Zertifikate vorliegen.

(3) Werden bei der automatisierten Kontrolle Unregelmäßigkeiten festgestellt, so unterrichtet der Zentralverwalter den bzw. die betreffenden Mitgliedstaaten, die die fraglichen Transaktionen oder weitere Transaktionen im Zusammenhang mit den betreffenden Zertifikaten nicht in das bzw. die Register eintragen, bis die Unregelmäßigkeiten beseitigt sind.

Artikel 21

Berichterstattung durch die Mitgliedstaaten

(1) Die Mitgliedstaaten legen der Kommission jedes Jahr einen Bericht über die Anwendung dieser Richtlinie vor. In diesem Bericht ist insbesondere auf die Regeln für die Zuteilung der Zertifikate, das Funktionieren der Register, die Anwendung der Leitlinien für die Überwachung und Berichterstattung sowie die Prüfung und Fragen der Einhaltung der Richtlinie und gegebenenfalls der steuerlichen Behandlung von Zertifikaten einzugehen. Der erste Bericht ist der Kommission bis zum 30. Juni 2005 zu übermitteln. Der Bericht ist auf der Grundlage eines Fragebogens bzw. einer Vorlage zu erstellen, der bzw. die von der Kommission gemäß dem Verfahren des Artikels 6 der Richtlinie 91/692/EWG entworfen wurde. Der Fragebogen bzw. die Vorlage wird den Mitgliedstaaten spätestens sechs Monate vor Ablauf der Frist für die Übermittlung des ersten Berichts zugesandt.

(2) Auf der Grundlage der in Absatz 1 genannten Berichte veröffentlicht die Kommission binnen drei Monaten nach Eingang der Berichte aus den Mitgliedstaaten einen Bericht über die Anwendung dieser Richtlinie.

(3) Die Kommission organisiert einen Informationsaustausch zwischen den zuständigen Behörden der Mitgliedstaaten über Entwicklungen hinsichtlich folgender Aspekte: Zuteilung, Funktionieren der Register, Überwachung, Berichterstattung, Prüfung und Einhaltung.

Artikel 22

Änderungen des Anhangs III

Unter Berücksichtigung der in Artikel 21 vorgesehenen Berichte und der bei der Anwendung dieser Richtlinie gesammelten Erfahrungen kann die Kommission Anhang III mit Ausnahme der Kriterien 1, 5 und 7 für den Zeitraum 2008 bis 2012 nach dem in Artikel 23 Absatz 2 genannten Verfahren ändern.

Artikel 23

Ausschuss

(1) Die Kommission wird von dem durch Artikel 8 der Entscheidung 93/389/EWG eingesetzten Ausschuss unterstützt.

(2) Wird auf diesen Absatz Bezug genommen, so gelten die Artikel 5 und 7 des Beschlusses 1999/468/EG unter Beachtung von dessen Artikel 8.

Der Zeitraum nach Artikel 5 Absatz 6 des Beschlusses 1999/468/EG wird auf drei Monate festgesetzt.

(3) Der Ausschuss gibt sich eine Geschäftsordnung.

Artikel 24

Verfahren für die einseitige Einbeziehung zusätzlicher Tätigkeiten und Gase

(1) Ab 2008 können die Mitgliedstaaten im Einklang mit dieser Richtlinie den Handel mit Emissionszertifikaten auf nicht in Anhang I aufgeführte Tätigkeiten, Anlagen und Treibhausgase ausweiten, sofern die Einbeziehung solcher Tätigkeiten, Anlagen und Treibhausgase von der Kommission nach dem in Artikel 23 Absatz 2 genannten Verfahren unter Berücksichtigung aller einschlägigen Kriterien, insbesondere der Auswirkungen auf den Binnenmarkt, möglicher Wettbewerbsverzerrungen, der Umweltwirksamkeit der Regelung und der Zuverlässigkeit des vorgesehenen Überwachungs- und Berichterstattungsverfahrens, gebilligt wird.

Ab 2005 können die Mitgliedstaaten unter denselben Voraussetzungen den Handel mit Emissionszertifikaten auf Anlagen ausweiten, die in Anhang I aufgeführte Tätigkeiten durchführen und bei denen die dort vorgesehenen Kapazitätsgrenzen nicht erreicht werden.

(2) Zuteilungen für Anlagen, die derartige Tätigkeiten durchführen, sind in den in Artikel 9 genannten nationalen Zuteilungsplänen zu erfassen.

(3) Die Kommission kann aus eigener Initiative bzw. muss auf Ersuchen eines Mitgliedstaats Leitlinien für die Überwachung und Berichterstattung betreffend Emissionen aus Tätigkeiten, Anlagen und Treibhausgasen, die nicht in Anhang I aufgeführt sind, nach dem in Artikel 23 Absatz 2 genannten Verfahren festlegen, wenn die Überwachung und die Berichterstattung in Bezug auf diese Emissionen mit ausreichender Genauigkeit erfolgen kann.

(4) Werden derartige Maßnahmen eingeführt, so ist bei den nach Artikel 30 durchzuführenden Überprüfungen auch zu prüfen, ob Anhang I dahin gehend geändert werden sollte, dass Emissionen aus diesen Tätigkeiten in gemeinschaftsweit harmonisierter Weise in den Anhang aufgenommen werden.

Artikel 25

Verknüpfung mit anderen Systemen für den Handel mit Treibhausgasemissionen

(1) Mit den in Anhang B des Kyoto-Protokolls aufgeführten Drittländern, die das Protokoll ratifiziert haben, sollten im Hinblick auf die gegenseitige Anerkennung der Zertifikate, die im Rahmen des Gemeinschaftssystems und anderer Systeme für den Handel mit Treibhausgasemissionen erteilt wurden, gemäß Artikel 300 des Vertrags Abkommen geschlossen werden.

(2) Wurde ein Abkommen im Sinne von Absatz 1 geschlossen, so erarbeitet die Kommission nach dem in Artikel 23 Absatz 2 genannten Verfahren die erforderlichen Vorschriften für die gegenseitige Anerkennung der Zertifikate im Rahmen dieses Abkommens.

Artikel 26

Änderung der Richtlinie 96/61/EG

In Artikel 9 Absatz 3 der Richtlinie 96/61/EG werden folgende Unterabsätze angefügt:

„Sind Treibhausgasemissionen einer Anlage in Anhang I der Richtlinie 2003/87/EG des Europäischen Parlaments und des Rates vom 13. Oktober 2003 über ein System für den Handel mit Treibhausgasemissionszertifikaten in der Gemeinschaft und zur Änderung der Richtlinie 96/61/EG des Rates (*) in Zusammenhang mit einer in dieser Anlage durchgeführten Tätigkeit aufgeführt, so enthält die Genehmigung keine Emissionsgrenzwerte für direkte Emissionen dieses Gases, es sei denn, dies ist erforderlich, um sicherzustellen, dass keine erhebliche lokale Umweltverschmutzung bewirkt wird.

Den Mitgliedstaaten steht es frei, für die in Anhang I der Richtlinie 2003/87/EG aufgeführten Tätigkeiten keine Energieeffizienzanforderungen in Bezug auf Verbrennungseinheiten oder andere Einheiten am Standort, die Kohlendioxid ausstoßen, festzulegen.

Falls erforderlich, wird die Genehmigung durch die zuständigen Behörden entsprechend geändert.

Die vorstehenden drei Unterabsätze gelten nicht für Anlagen, die gemäß Artikel 27 der Richtlinie 2003/87/EG vorübergehend aus dem System für den Handel mit Treibhausgasemissionszertifikaten in der Gemeinschaft ausgeschlossen sind.

(*) ABl. L 275 vom 25.10.2003, S. 32."

Artikel 27

Vorübergehender Ausschluss bestimmter Anlagen

(1) Die Mitgliedstaaten können bei der Kommission beantragen, dass Anlagen vorübergehend, jedoch höchstens bis zum 31. Dezember 2007 aus dem Gemeinschaftssystem ausgeschlossen werden. In jedem Antrag sind alle diese Anlagen einzeln aufzuführen; der Antrag ist zu veröffentlichen.

(2) Stellt die Kommission nach Berücksichtigung etwaiger Bemerkungen der Öffentlichkeit zu diesem Antrag nach dem in Artikel 23 Absatz 2 genannten Verfahren fest, dass die Anlagen

a) infolge der einzelstaatlichen Politik ihre Emissionen ebenso weit begrenzen, wie sie dies tun würden, wenn sie dieser Richtlinie unterworfen wären,

b) Überwachungs-, Berichterstattungs- und Prüfungsanforderungen unterliegen, die denen der Artikel 14 und 15 gleichwertig sind, und

c) bei Nichterfüllung der nationalen Anforderungen Sanktionen unterliegen, die den in Artikel 16 Absätze 1 und 4 aufgeführten Sanktionen zumindest gleichwertig sind,

so sieht sie den vorübergehenden Ausschluss dieser Anlagen aus dem Gemeinschaftssystem vor.

Es ist zu gewährleisten, dass es nicht zu Beeinträchtigungen des Binnenmarkts kommt.

Artikel 28

Anlagenfonds

(1) Die Mitgliedstaaten können den Betreibern von Anlagen, die eine der in Anhang I aufgeführten Tätigkeiten durchführen, erlauben, einen Fonds von Anlagen aus demselben Tätigkeitsbereich für den in Artikel 11 Absatz 1 genannten Zeitraum und/oder für den in Artikel 11 Absatz 2 genannten ersten Fünfjahreszeitraum gemäß den Absätzen 2 bis 6 des vorliegenden Artikels zu bilden.

(2) Die Betreiber, die eine in Anhang I aufgeführte Tätigkeit durchführen und einen Fonds bilden möchten, stellen bei der zuständigen Behörde einen Antrag, wobei sie die Anlagen und den Zeitraum angeben, für den sie einen Fonds bilden wollen, und den Nachweis erbringen, dass ein Treuhänder in der Lage sein wird, die in den Absätzen 3 und 4 genannten Verpflichtungen zu erfüllen.

(3) Die Betreiber, die einen Fonds bilden wollen, benennen einen Treuhänder, für den Folgendes gilt:

a) An den Treuhänder wird abweichend von Artikel 11 die Gesamtmenge der je Anlage der Betreiber errechneten Zertifikate vergeben;

b) der Treuhänder ist abweichend von Artikel 6 Absatz 2 Buchstabe e) und Artikel 12 Absatz 3 verantwortlich für die Abgabe von Zertifikate, die den Gesamtemissionen der Anlagen im Fonds entsprechen;

c) der Treuhänder darf keine weiteren Übertragungen durchführen, falls der Bericht eines Betreibers im Rahmen der Prüfung gemäß Artikel 15 Absatz 2 als nicht zufrieden stellend bewertet wurde.

(4) Abweichend von Artikel 16 Absätze 2, 3 und 4 werden die Sanktionen für Verstöße gegen die Verpflichtungen zur Abgabe einer ausreichenden Anzahl von Zertifikaten, um die Gesamtemissionen aus den Anlagen im Fonds abzudecken, gegen den Treuhänder verhängt.

(5) Ein Mitgliedstaat, der die Bildung eines oder mehrerer Fonds erlauben möchte, reicht den in Absatz 2 genannten Antrag bei der Kommission ein. Unbeschadet der Bestimmungen des Vertrags kann die Kommission innerhalb von drei Monaten nach Eingang einen Antrag ablehnen, der die Anforderungen dieser Richtlinie nicht erfüllt. Eine solche Entscheidung ist zu begründen. Wird der Antrag abgelehnt, so darf der Mitgliedstaat die Bildung des Fonds nur erlauben, wenn Änderungsvorschläge von der Kommission akzeptiert werden.

(6) Falls der Treuhänder den in Absatz 4 genannten Sanktionen nicht nachkommt, ist jeder Betreiber einer Anlage im Fonds nach Artikel 12 Absatz 3 und Artikel 16 für Emissionen seiner eigenen Anlage verantwortlich.

Artikel 29

Höhere Gewalt

(1) Während des in Artikel 11 Absatz 1 genannten Zeitraums können die Mitgliedstaaten bei der Kommission beantragen, dass für bestimmte Anlagen in Fällen höherer Gewalt zusätzliche Zertifikate vergeben werden dürfen. Die Kommission stellt fest, ob nachweislich höhere Gewalt vorliegt, und gestattet in diesem Fall die Vergabe zusätzlicher, nicht übertragbarer Zertifikate durch den betreffenden Mitgliedstaat an die Betreiber der betreffenden Anlagen.

(2) Die Kommission stellt bis spätestens 31. Dezember 2003 unbeschadet der Bestimmungen des Vertrags Leitlinien auf, in denen die Umstände dargelegt sind, unter denen nachweislich höhere Gewalt vorliegt.

Artikel 30

Überprüfung und weitere Entwicklung

(1) Auf der Grundlage der Fortschritte bei der Überwachung der Treibhausgasemissionen kann die Kommission dem Europäischen Parlament und dem Rat bis zum 31. Dezember 2004 einen Vorschlag unterbreiten, wonach Anhang I dahin gehend geändert wird, dass andere Tätigkeiten und Emissionen anderer in Anhang II aufgeführter Treibhausgase aufgenommen werden.

(2) Auf der Grundlage der Erfahrungen mit der Anwendung dieser Richtlinie und der Fortschritte bei der Überwachung der Treibhausgasemissionen sowie angesichts der Entwicklungen auf internationaler Ebene erstellt die Kommission einen Bericht über die Anwendung dieser Richtlinie, in dem sie auf folgende Punkte eingeht:

a) die Frage, wie und ob Anhang I dahin gehend geändert werden sollte, dass im Hinblick auf eine weitere Steigerung der wirtschaftlichen Effizienz des Systems andere betroffene Sektoren, wie etwa die Sektoren Chemie, Aluminium und Verkehr, andere Tätigkeiten und Emissionen anderer in Anhang II aufgeführter Treibhausgase aufgenommen werden;

b) den Zusammenhang zwischen dem Emissionszertifikatehandel auf Gemeinschaftsebene und dem internationalen Emissionshandel, der im Jahr 2008 beginnen wird;

c) die weitere Harmonisierung der Zuteilungsmethode (einschließlich Versteigerung für die Zeit nach 2012) und der Kriterien für die nationalen Zuteilungspläne gemäß Anhang III;

d) die Nutzung von Emissionsgutschriften aus projektbezogenen Mechanismen;

e) das Verhältnis des Emissionshandels zu anderen auf Ebene der Mitgliedstaaten und der Gemeinschaft durchgeführten Politiken und Maßnahmen, einschließlich der Besteuerung, mit denen die gleichen Ziele verfolgt werden;

f) die Frage, ob es zweckmäßig wäre, ein einziges Gemeinschaftsregister einzurichten;

g) die Höhe der Sanktionen wegen Emissionsüberschreitung, unter anderem unter Berücksichtigung der Inflation;

h) das Funktionieren des Marktes für Emissionszertifikate, insbesondere im Hinblick auf etwaige Marktstörungen;

i) die Frage, wie das Gemeinschaftssystem an eine erweiterte Europäische Union angepasst werden kann;

j) die Einrichtung von Anlagenfonds;

k) die Frage, ob es möglich ist, gemeinschaftsweite Benchmarks als Grundlage für die Zuteilung zu entwickeln, wobei die besten verfügbaren Techniken und Kosten-Nutzen-Analysen zu berücksichtigen sind.

Die Kommission legt dem Europäischen Parlament und dem Rat diesen Bericht sowie gegebenenfalls entsprechende Vorschläge bis zum 30. Juni 2006 vor.

(3) Die Verknüpfung der projektbezogenen Mechanismen, einschließlich des Joint Implementation (JI) und des Clean Development Mechanism (CDM), mit dem Gemeinschaftssystem ist wünschenswert und wichtig, um die Ziele einer Verringerung der globalen Treibhausgasemissionen sowie einer Verbesserung der Kosteneffizienz des Gemeinschaftssystems in der Praxis zu erreichen. Die Emissionsgutschriften aus den projektbezogenen Mechanismen werden daher für eine Nutzung in diesem System nach Maßgabe der Vorschriften anerkannt, die das Europäische Parlament und der Rat auf Vorschlag der Kommission erlassen und die im Jahr 2005 parallel zum Gemeinschaftssystem Anwendung finden sollten. Der Einsatz der Mechanismen erfolgt als Begleitmaßnahme zu innerstaatlichen Maßnahmen im Einklang mit den einschlägigen Bestimmungen des Kyoto-Protokolls und der Vereinbarungen von Marrakesch.

Artikel 31

Umsetzung

(1) Die Mitgliedstaaten setzen die Rechts- und Verwaltungsvorschriften in Kraft, die erforderlich sind, um dieser Richtlinie spätestens ab dem 31. Dezember 2003 nachzukommen. Sie setzen die Kommission unverzüglich davon in Kenntnis. Die Kommission teilt den anderen Mitgliedstaaten diese Rechts- und Verwaltungsvorschriften mit.

Wenn die Mitgliedstaaten diese Vorschriften erlassen, nehmen sie in den Vorschriften selbst oder durch einen Hinweis bei der amtlichen Veröffentlichung auf diese Richtlinie Bezug. Die Mitgliedstaaten regeln die Einzelheiten der Bezugnahme.

(2) Die Mitgliedstaaten teilen der Kommission den Wortlaut der innerstaatlichen Rechtsvorschriften mit, die sie auf dem unter diese Richtlinie fallenden Gebiet erlassen. Die Kommission setzt die anderen Mitgliedstaaten davon in Kenntnis.

Artikel 32

Inkrafttreten

Diese Richtlinie tritt am Tag ihrer Veröffentlichung im *Amtsblatt der Europäischen Union* in Kraft.

Artikel 33

Adressaten

Diese Richtlinie ist an alle Mitgliedstaaten gerichtet.

Geschehen zu Luxemburg am 13. Oktober 2003.

Im Namen des Europäischen Parlaments	*Im Namen des Rates*
Der Präsident	*Der Präsident*
P. COX	G. ALEMANNO

ANHANG I

KATEGORIEN VON TÄTIGKEITEN GEMÄSS ARTIKEL 2 ABSATZ 1, ARTIKEL 3, ARTIKEL 4, ARTIKEL 14 ABSATZ 1, ARTIKEL 28 UND ARTIKEL 30

1. Anlagen oder Anlagenteile, die für Zwecke der Forschung, Entwicklung und Prüfung neuer Produkte und Verfahren genutzt werden, fallen nicht unter diese Richtlinie.

2. Die nachstehend angegebenen Grenzwerte beziehen sich im Allgemeinen auf Produktionskapazitäten oder -leistungen. Führt ein Betreiber mehrere Tätigkeiten unter der gleichen Bezeichnung in einer Anlage oder an einem Standort durch, werden die Kapazitäten dieser Tätigkeiten addiert.

Tätigkeiten	Treibhausgase
Energieumwandlung und -umformung	
Feuerungsanlagen mit einer Feuerungswärmeleistung über 20 MW (ausgenommen Anlagen für die Verbrennung von gefährlichen oder Siedlungsabfällen)	Kohlendioxid
Mineralölraffinerien	Kohlendioxid
Kokereien	Kohlendioxid
Eisenmetallerzeugung und -verarbeitung	
Röst- und Sinteranlagen für Metallerz (einschließlich Sulfiderz)	Kohlendioxid
Anlagen für die Herstellung von Roheisen oder Stahl (Primär- oder Sekundärschmelzbetrieb), einschließlich Stranggießen, mit einer Kapazität über 2,5 Tonnen pro Stunde	Kohlendioxid
Mineralverarbeitende Industrie	
Anlagen zur Herstellung von Zementklinker in Drehrohröfen mit einer Produktionskapazität über 500 Tonnen pro Tag oder von Kalk in Drehrohröfen mit einer Produktionskapazität über 50 Tonnen pro Tag oder in anderen Öfen mit einer Produktionskapazität über 50 Tonnen pro Tag	Kohlendioxid
Anlagen zur Herstellung von Glas einschließlich Glasfasern mit einer Schmelzkapazität über 20 Tonnen pro Tag	Kohlendioxid
Anlagen zur Herstellung von keramischen Erzeugnissen durch Brennen (insbesondere Dachziegel, Ziegelsteine, feuerfeste Steine, Fliesen, Steinzeug oder Porzellan) mit einer Produktionskapazität über 75 Tonnen pro Tag und/oder einer Ofenkapazität über 4 m^3 und einer Besatzdichte über 300 kg/m^3	Kohlendioxid
Sonstige Industriezweige	
Industrieanlagen zur Herstellung von	
a) Zellstoff aus Holz und anderen Faserstoffen	Kohlendioxid
b) Papier und Pappe mit einer Produktionskapazität über 20 Tonnen pro Tag	Kohlendioxid

ANHANG II

TREIBHAUSGASE GEMÄSS DEN ARTIKELN 3 UND 30

Kohlendioxid (CO_2)

Methan (CH_4)

Distickstoffoxid (N_2O)

Fluorkohlenwasserstoffe (FKW)

Perfluorierte Kohlenwasserstoffe

Schwefelhexafluorid (SF_6)

ANHANG III

KRITERIEN FÜR DIE NATIONALEN ZUTEILUNGSPLÄNE GEMÄSS DEN ARTIKELN 9, 22 UND 30

1. Die Gesamtmenge der Zertifikate, die im jeweiligen Zeitraum zugeteilt werden sollen, muss mit der in der Entscheidung 2002/358/EG und im Kyoto-Protokoll enthaltenen Verpflichtung des Mitgliedstaats zur Begrenzung seiner Emissionen in Einklang stehen unter Berücksichtigung des Anteils der Gesamtemissionen, dem diese Zertifikate im Vergleich zu Emissionen aus Quellen entsprechen, die nicht unter diese Richtlinie fallen, sowie der nationalen energiepolitischen Maßnahmen; ferner sollte sie dem nationalen Klimaschutzprogramm entsprechen. Die Gesamtmenge der zuzuteilenden Zertifikate darf nicht höher sein als der wahrscheinliche Bedarf für die strikte Anwendung der Kriterien dieses Anhangs. Bis 2008 muss die Menge so groß sein, dass sie mit einem Weg zur Erreichung oder Übererfüllung der Zielvorgaben jedes Mitgliedstaats gemäß der Entscheidung 2002/358/EG und dem Kyoto-Protokoll vereinbar ist.

2. Die Gesamtmenge der Zertifikate, die zugeteilt werden sollen, muss vereinbar sein mit Bewertungen der tatsächlichen und der erwarteten Fortschritte bei der Erbringung des Beitrags der Mitgliedstaaten zu den Verpflichtungen der Gemeinschaft gemäß der Entscheidung 93/389/EWG.

3. Die Mengen der Zertifikate, die zugeteilt werden sollen, müssen mit dem Potenzial — auch dem technischen Potenzial — der unter dieses System fallenden Tätigkeiten zur Emissionsverringerung in Einklang stehen. Die Mitgliedstaaten können bei ihrer Aufteilung von Zertifikaten die durchschnittlichen Treibhausgasemissionen je Erzeugnis in den einzelnen Tätigkeitsbereichen und die in diesen Tätigkeitsbereichen erreichbaren Fortschritte zugrunde legen.

4. Der Plan muss mit den übrigen rechtlichen und politischen Instrumenten der Gemeinschaft in Einklang stehen. Ein als Ergebnis von neuen rechtlichen Anforderungen unvermeidbarer Emissionsanstieg sollte berücksichtigt werden.

5. Gemäß den Anforderungen des Vertrags, insbesondere der Artikel 87 und 88, darf der Plan Unternehmen oder Sektoren nicht in einer Weise unterschiedlich behandeln, dass bestimmte Unternehmen oder Tätigkeiten ungerechtfertigt bevorzugt werden.

6. Der Plan muss Angaben darüber enthalten, wie neue Marktteilnehmer sich am Gemeinschaftssystem in dem betreffenden Mitgliedstaat beteiligen können.

7. Der Plan kann Vorleistungen berücksichtigen, und er muss Angaben darüber enthalten, wie Vorleistungen Rechnung getragen wird. Aus Referenzdokumenten zu den besten verfügbaren Technologien resultierende Benchmarks dürfen von den Mitgliedstaaten bei der Aufstellung ihrer nationalen Zuteilungspläne verwendet werden, und diese Benchmarks können ein Element der Ermöglichung frühzeitiger Maßnahmen enthalten.

8. Der Plan muss Angaben darüber enthalten, wie saubere Technologien — einschließlich energieeffizienter Technologien — berücksichtigt werden.

9. Der Plan muss Vorschriften für die Möglichkeit von Bemerkungen der Öffentlichkeit sowie Angaben darüber enthalten, wie diese Bemerkungen angemessen berücksichtigt werden, bevor eine Entscheidung über die Zuteilung der Zertifikate getroffen wird.

10. Der Plan muss eine Liste der unter diese Richtlinie fallenden Anlagen unter Angabe der Anzahl Zertifikate enthalten, die den einzelnen Anlagen zugeteilt werden sollen.

11. Der Plan kann Angaben darüber enthalten, wie dem Wettbewerb aus Ländern bzw. Anlagen außerhalb der Europäischen Union Rechnung getragen wird.

ANHANG IV

GRUNDSÄTZE FÜR DIE ÜBERWACHUNG UND BERICHTERSTATTUNG GEMÄSS ARTIKEL 14 ABSATZ 1

Überwachung der Kohlendioxidemissionen

Die Überwachung der Emissionen erfolgt entweder durch Berechnung oder auf der Grundlage von Messungen.

Berechnung

Die Berechnung der Emissionen erfolgt nach folgender Formel:

$$\text{Tätigkeitsdaten} \times \text{Emissionsfaktor} \times \text{Oxidationsfaktor}$$

Die Überwachung der Tätigkeitsdaten (Brennstoffverbrauch, Produktionsrate usw.) erfolgt auf der Grundlage von Daten über eingesetzte Brenn- oder Rohstoffe oder Messungen.

Es werden etablierte Emissionsfaktoren verwendet. Für alle Brennstoffe können tätigkeitsspezifische Emissionsfaktoren verwendet werden. Für alle Brennstoffe außer nichtkommerziellen Brennstoffen (Brennstoffe aus Abfall wie Reifen und Gase aus industriellen Verfahren) können Standardfaktoren verwendet werden. Flözspezifische Standardwerte für Kohle und EU-spezifische oder erzeugerländerspezifische Standardwerte für Erdgas sind noch weiter auszuarbeiten. Für Raffinerieerzeugnisse können IPCC-Standardwerte verwendet werden. Der Emissionsfaktor für Biomasse ist Null.

Wird beim Emissionsfaktor nicht berücksichtigt, dass ein Teil des Kohlenstoffs nicht oxidiert wird, so ist ein zusätzlicher Oxidationsfaktor zu verwenden. Wurden tätigkeitsspezifische Emissionsfaktoren berechnet, bei denen die Oxidation bereits berücksichtigt ist, so muss ein Oxidationsfaktor nicht verwendet werden.

Es sind gemäß der Richtlinie 96/61/EG entwickelte Standardoxidationsfaktoren zu verwenden, es sei denn, der Betreiber kann nachweisen, dass tätigkeitsspezifische Faktoren genauer sind.

Für jede Tätigkeit und Anlage sowie für jeden Brennstoff ist eine eigene Berechnung anzustellen.

Messung

Bei der Messung der Emissionen sind standardisierte oder etablierte Verfahren zu verwenden; die Messung ist durch eine flankierende Emissionsberechnung zu bestätigen.

Überwachung anderer Treibhausgasemissionen

Zu verwenden sind standardisierte oder etablierte Verfahren, die von der Kommission in Zusammenarbeit mit allen betroffenen Kreisen entwickelt und gemäß dem in Artikel 23 Absatz 2 genannten Verfahren angenommen worden sind.

Berichterstattung über die Emissionen

Jeder Betreiber hat im Bericht für eine Anlage folgende Informationen zu liefern:

A. Anlagedaten, einschließlich:
   — Name der Anlage,
   — Anschrift, einschließlich Postleitzahl und Land,
   — Art und Anzahl der in der Anlage durchgeführten Tätigkeiten gemäß Anhang I,
   — Anschrift, Telefonnummer, Faxnummer und E-Mail-Adresse eines Ansprechpartners und
   — Name des Besitzers der Anlage und etwaiger Mutterunternehmen.

B. Für jede am Standort durchgeführte Tätigkeit gemäß Anhang I, für die Emissionen berechnet werden:
   — Tätigkeitsdaten,
   — Emissionsfaktoren,
   — Oxidationsfaktoren,
   — Gesamtemissionen und
   — Unsicherheitsfaktoren.

C. Für jede am Standort durchgeführte Tätigkeit gemäß Anhang I, für die Emissionen gemessen werden:
   — Gesamtemissionen,
   — Angaben zur Zuverlässigkeit der Messverfahren und
   — Unsicherheitsfaktoren.

D. Für Emissionen aus der Verbrennung ist im Bericht außerdem der Oxidationsfaktor anzugeben, es sei denn, die Oxidation wurde bereits bei der Berechnung eines tätigkeitsspezifischen Emissionsfaktors einbezogen.

Die Mitgliedstaaten treffen Maßnahmen zur Koordinierung der Anforderungen für die Berichterstattung mit bereits bestehenden Anforderungen für die Berichterstattung, um den Berichterstattungsaufwand der Unternehmen möglichst gering zu halten.

ANHANG V

KRITERIEN FÜR DIE PRÜFUNG GEMÄSS ARTIKEL 15

Allgemeine Grundsätze

1. Die Emissionen aus allen in Anhang I aufgeführten Tätigkeiten unterliegen einer Prüfung.

2. Im Rahmen des Prüfungsverfahrens wird auf den Bericht gemäß Artikel 14 Absatz 3 und auf die Überwachung im Vorjahr eingegangen. Geprüft werden ferner die Zuverlässigkeit, Glaubwürdigkeit und Genauigkeit der Überwachungssysteme sowie die übermittelten Daten und Angaben zu den Emissionen, insbesondere:

    a) die übermittelten Tätigkeitsdaten und damit verbundenen Messungen und Berechnungen;

    b) Wahl und Anwendung der Emissionsfaktoren;

    c) die Berechnungen für die Bestimmung der Gesamtemissionen und

    d) bei Messungen die Angemessenheit der Wahl und Anwendung der Messverfahren.

3. Die Validierung der Angaben zu den Emissionen ist nur möglich, wenn zuverlässige und glaubwürdige Daten und Informationen eine Bestimmung der Emissionen mit einem hohen Zuverlässigkeitsgrad gestatten. Ein hoher Zuverlässigkeitsgrad verlangt vom Betreiber den Nachweis, dass

    a) die übermittelten Daten schlüssig sind,

    b) die Erhebung der Daten in Einklang mit geltenden wissenschaftlichen Standards erfolgt ist und

    c) die einschlägigen Angaben über die Anlage vollständig und schlüssig sind.

4. Die prüfende Instanz erhält Zugang zu allen Standorten und zu allen Informationen, die mit dem Gegenstand der Prüfung im Zusammenhang stehen.

5. Die prüfende Instanz berücksichtigt, ob die Anlage im Rahmen des Gemeinschaftssystems für das Umweltmanagement und die Umweltbetriebsprüfung (EMAS) registriert ist.

Methodik

Strategische Analyse

6. Die Prüfung basiert auf einer strategischen Analyse aller Tätigkeiten, die in der Anlage durchgeführt werden. Dazu benötigt die prüfende Instanz einen Überblick über alle Tätigkeiten und ihre Bedeutung für die Emissionen.

Prozessanalyse

7. Die Prüfung der übermittelten Informationen erfolgt bei Bedarf am Standort der Anlage. Die prüfende Instanz führt Stichproben durch, um die Zuverlässigkeit der übermittelten Daten und Informationen zu ermitteln.

Risikoanalyse

8. Die prüfende Instanz unterzieht alle Quellen von Emissionen in der Anlage einer Bewertung in Bezug auf die Zuverlässigkeit der Daten über jede Quelle, die zu den Gesamtemissionen der Anlage beiträgt.

9. Anhand dieser Analyse ermittelt die prüfende Instanz ausdrücklich die Quellen mit hohem Fehlerrisiko und andere Aspekte des Überwachungs- und Berichterstattungsverfahrens, die zu Fehlern bei der Bestimmung der Gesamtemissionen führen könnten. Hier sind insbesondere die Wahl der Emissionsfaktoren und die Berechnungen zur Bestimmung der Emissionen einzelner Emissionsquellen zu nennen. Besondere Aufmerksamkeit ist Quellen mit einem hohen Fehlerrisiko und den genannten anderen Aspekten des Überwachungsverfahrens zu widmen.

10. Die prüfende Instanz berücksichtigt etwaige effektive Verfahren zur Beherrschung der Risiken, die der Betreiber anwendet, um Unsicherheiten so gering wie möglich zu halten.

Bericht

11. Die prüfende Instanz erstellt einen Bericht über die Validierung, in dem angegeben wird, ob der Bericht gemäß Artikel 14 Absatz 3 zufrieden stellend ist. In diesem Bericht sind alle für die durchgeführten Arbeiten relevanten Aspekte aufzuführen. Die Erklärung, dass der Bericht gemäß Artikel 14 Absatz 3 zufrieden stellend ist, kann abgegeben werden, wenn die prüfende Instanz zu der Ansicht gelangt, dass zu den Gesamtemissionen keine wesentlich falschen Angaben gemacht wurden.

Mindestanforderungen an die Kompetenz der prüfenden Instanz

12. Die prüfende Instanz muss unabhängig von dem Betreiber sein, ihre Aufgabe professionell und objektiv ausführen und vertraut sein mit

   a) den Bestimmungen dieser Richtlinie sowie den einschlägigen Normen und Leitlinien, die von der Kommission gemäß Artikel 14 Absatz 1 verabschiedet werden,

   b) den Rechts- und Verwaltungsvorschriften, die für die zu prüfenden Tätigkeiten von Belang sind, und

   c) dem Zustandekommen aller Informationen über die einzelnen Emissionsquellen in der Anlage, insbesondere im Hinblick auf Sammlung, messtechnische Erhebung, Berechnung und Übermittlung von Daten.

Quelle:
http://europa.eu/eur-lex/pri/de/oj/dat/2003/l_275/l_27520031025de00320046.pdf;
Abrufdatum 22.08.2009

Anhang 8: Exkurs - Kapitalanlagemöglichkeiten in einer neuentstandenen Anlageklasse

Der CO_2-Markt ist komplex, unübersichtlich und zum Teil für Investoren schwer zugänglich. Vor allem der Voluntary Market ist intransparent. Die Gründe dafür sind im Fehlen einer überstaatlichen Regulierung und eines einheitlichen Verifizierungsstandards zu suchen. Diese Undurchsichtigkeit des noch relativ jungen und "unreifen" CO_2-Marktes bietet Investoren attraktive Renditechancen. Daher verwundert es auch nicht, dass seit Jahren ein enormer Wachstumstrend der Handelsvolumen und Transaktionen im CO_2-Markt zu verzeichnen ist. Aus Finanzmarktsicht hat sich durch den Emissionshandel CO_2 zu einer neuen handelbaren Rohstoffklasse entwickelt. Die neu entstandene Rohstoffklasse bietet dabei Investoren einen positiven Diversifikationseffekt bei deren Vermögensstrukturierung bzw. Portfoliobildung. Denn CO_2 als Anlageklasse ist nahezu unkorreliert mit traditionellen Anlageklassen wie Aktien, Renten, Immobilien und Währungen (DWS 2008: 1 ff.; Aquila Capital 2006: 1 ff.). Dadurch etablieren sich neben der Vielzahl an derivativen Produktlösungen zu Hedging-, Arbitrage- und Tradingzwecken auch mittel- bis langfristig orientierte Kapitalanlageprodukte auf dem CO_2-Markt.

So wurde beispielsweise am 15.09.2008 von der DWS Investment S.A., in Zusammenarbeit mit der Aquila Capital Concepts GmbH der weltweit erste Publikumsfonds aufgelegt. Hiermit soll den Privatanlegern der CO_2-Markt zugänglich gemacht werden. Das Besondere an diesem Publikumsfonds mit dem Namen "DWS CO_2 Opportunities Fund"[155] ist, dass, anders als bei bereits bestehenden Investment-fonds, ausschließlich in die Rohstoffklasse CO_2 investiert wird (DWS 2008: 1 ff.; Aquila Capital 2006: 1 ff.). Die Anlagestrategie und Renditepotentiale dieses Fonds ergeben sich dabei aus den speziellen Eigenschaften des CO_2-Marktes (DWS 2008: 1 ff.; Aquila Capital 2006: 42; DWS S.A. 2008: 18 f.):

- Der CO_2-Emissionszertifikatepreis bzw. "CO_2-Preis" wird durch eine stetige Verknappung der zur Allokation zur Verfügung stehenden Emissionsrechte bzw. durch eventuell ambitionierter werdende Klimaschutzziele positiv beeinflusst. Somit besteht ein gewisses Basiskurspotenzial von CO_2-Emissionszertifikaten.

---

[155] ISIN: LU0382185493

- Wegen geringer Erfahrung vieler Marktteilnehmer mit der neuen Anlageklasse und mit deren Werttreiber und weil zuverlässige Fundamentalmodelle fehlen, kann es zu einer hohen Volatilität im CO_2-Markt kommen. Dies eröffnet die Möglichkeit der Ausnutzung dieser Schwankungen durch entsprechende Handelstransaktionen, sogenannte Opportunity Trades.
- Der Voluntary Market bietet durch seine geringe Korrelation zum Compliance Market attraktive Investitionsmöglichkeiten.
- Durch die Intransparenz des CO_2-Handels ergeben sich Arbitragemöglichkeiten, die sich durch die verschiedenen Qualitätsstandards von Emissionszertifikaten und unterschiedliche Zertifikatspreise in verschiedenen Regionen ergeben. Eines der größten Renditepotentiale bietet dabei die Ausnutzung von Preisdifferenzen von Emissionsminderungsgutschriften, die sich während des Verlaufs eines Klimaschutzprojektes ergeben. Diese Handelsstrategie wird als Spread Strategie bezeichnet. Dabei sichert sich ein Investor (beispielsweise der zuvor genannte Fonds) das Recht von einem Initiator eines Klimaschutzprojektes, zukünftig entstehende Emissionsminderungsgutschriften zu einem im Vorfeld fixierten Preis[156] zu erwerben. Bei dem Klimaschutzprojekt handelt es sich in diesem Stadium um ein von der UNFCCC noch nicht registriertes Klimaschutzprojekt (zumeist ein CDM-Projekt in einem Entwicklungsland). Wird das Projekt durch die UNFCCC registriert, steigt der Marktpreis sprunghaft[157]. Nach Projektdurchführung werden die tatsächlichen Emissionseinsparungen verifiziert. Basierend auf diesem Verifizierungsbericht kommt es zur Zertifizierung der Emissionsminderungsgutschriften durch die UNFCCC. Anschließend werden die Zertifikate in das EU-ETS überführt bzw. im EU-Handelssystem zu Gunsten des Investors registriert. Dieser kann die Zertifikate nun mit "Gewinn" verkaufen, da sich der Zertifikatspreis im Projektverlauf dem Marktpreis für EUAs angeglichen hat[158] (DWS 2008: 1 ff.; Aquila Capital 2006: 42; DWS S.A. 2008: 18 f.). Eine graphische Darstellung des Preisverlaufs von Emissionsminderungsgutschriften in den verschiedenen Projektphasen zeigt die nachfolgende Abbildung:

---

[156] Im Jahr 2008 lag der Preis zwischen 8-14,50 Euro pro Emissionsminderungsgutschrift (Point Carbon 2009: 11 f.).
[157] Im Jahr 2008 notierte der Preis zwischen 12-16 Euro pro Emissionsminderungsgutschrift (Point Carbon 2009: 11 f.).
[158] Im Jahr 2008 bewegte sich der Spread zwischen Emissionsminderungsgutschriften und EUAs bei 5-10,55 Euro (Point Carbon 2009: 6 ff.).

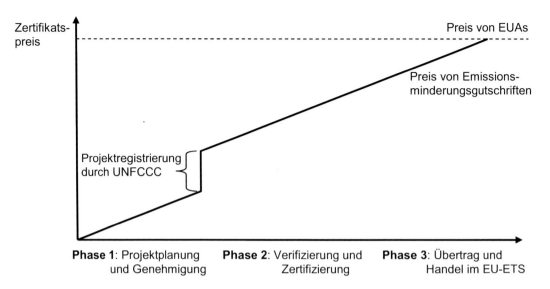

Abbildung Anhang 8: Preisverlauf von Emissionsminderungsgutschriften in verschiedenen Phasen
Quelle: In Anlehnung an Aquila Capital 2006: 42

Grundsätzlich gibt es mehrere Faktoren, die Einfluss auf den CO_2-Preis haben[159]. Das größte Preisrisiko am CO_2-Compliance Markt geht aber von der Tatsache aus, dass es ein politisch motivierter Markt ist. Somit kann es zu einem Preisverfall der Emissionszertifikate kommen, wenn es am politischen Willen oder internationalen Konsens fehlt, ein Kyoto-Nachfolgeabkommen nach 2012 zu beschließen (Gabriel 2008: B3; Schwarze 2008: B5). Ebenso sensibel würden die Preise auf regulatorische Änderungen, wie zum Beispiel die Modalitäten der Primärallokation, der Zuteilungsmengen oder den Bestimmungen bezüglich der Handelbarkeit von Emissionszertifikaten reagieren. Aber auch die Entwicklung der Weltwirtschaft und der internationalen Finanzmärkte, als spezieller Teil der Wirtschaft, haben einen enormen Einfluss auf den CO_2-Preis (Aquila Capital 2008: 1 ff.; DWS S.A. 2009: 6; DWS S.A. 2008: 18 f.; DWS 2009: 1 f.):

Zum Beispiel hat der im Jahr 2008 zu verzeichnende weltwirtschaftliche Abschwung zu einem Preissturz für CO_2 geführt. Denn die geringere Güterproduktion und -konsumption hat zu einem niedrigeren Ausstoß von CO_2 und damit einhergehend zu einem Angebotsüberhang an Emissionszertifikaten geführt. Ebenfalls kann bei einem Rückgang der Wirtschaftsleistung Druck auf den CO_2-Preis entstehen, wenn die poli-

---

[159] Zusätzlich zu den im weiteren Verlauf dieser Ausführungen aufgezählten Faktoren, zählen dazu die Preisentwicklung von fossilen Rohstoffen, die Wetterbedingungen, die Entwicklung von Emissionsvermeidungstechnologien und die technischen Risiken. Siehe auch Wagner 2007: 30 ff..

tischen Entscheidungsträger ihre Klimaschutzbemühungen zu Gunsten einer Kostenentlastung der Emittenten zurückfahren. Die schwächelnde Weltwirtschaft im Jahr 2008 war aber nicht der einzige Grund für den CO_2-Preisrückgang, sondern auch die im Jahr 2008 existente Finanzmarktkrise hatte erheblichen Einfluss. Denn die sogenannte "Liquiditäts- und Vertrauenskrise" am Finanzmarkt trieb viele Emissionshandelsteilnehmer dazu Emissionsrechte zu verkaufen, um ihre Liquiditätssituation zu sichern. Unter anderem hatte die Wirtschafts- und Finanzmarktkrise im Jahr 2008 zur Folge, dass der Wert für EUAs im vergangenen Kalenderjahr um mehr als 33 Prozent fiel[160]. Der DWS CO_2 Opportunities Fund konnte sich diesem Abwärtstrend am CO_2-Markt aufgrund seiner Anlagephilosophie nicht entziehen und verzeichnete seit seiner Auflegung bis 30.04.2009 einen Kursrückgang von 31,8 Prozent[161].

Wie bereits erwähnt hat die neu entstandene Anlageklasse CO_2 eine ganze Reihe an Finanzprodukten für private und institutionelle Investoren entstehen lassen, deren Auswahl der auf den internationalen Finanzmärkten gleicht (World Bank 2008: 64 f.). Die Weite des Produktspektrums lässt sich bereits bei Betrachtung von wenigen Beispielen erkennen. So hat die ABN AMRO Bank N.V. ein Open End Zertifikat[162] auf die an der European Climate Exchange (ECX) gehandelten "ICE ECX CFI Future Kontrakte", welche den Future Kurs von Emissionszertifikaten wiedergeben, aufgelegt (ABN AMRO 2008: 1 ff.). Die Dresdner Bank AG hat dagegen einen Turbo Knock Out Optionsschein auf EUA Future Kontrakte begeben (Dresdner Bank 2007: 1 f.). Mit dem Barclays Capital Global Carbon Index hat die Barclays Capital einen Index konzipiert, der momentan die Wertentwicklung von EUAs und CDMs abbildet, um eine Benchmark für "CO_2-Investoren" zu schaffen (Barclays Capital 2008: 7). Einen anderen Weg

---

[160] Gemessen an dem Preisverlauf der an der European Climate Exchange gehandelten EUA-Futures (http://www.ecx.eu/EUA-Futures; Abrufdatum 15.09.2009). Das Jahr 2008 über notierte ein EUA Dezember 2008 Futurekontrakt zwischen 13,52 und 29,38 Euro (Point Carbon 2009:5). Mit Schlusskurs des Referenzindex für EUAs (Carbix) am Spotmarkt der EEX vom 02.10.2009 notiert ein EUA aktuell bei 13 Euro (http://www.eex.com/de/Marktdaten/Handelsdaten/Emissions rechte/EU%20Emission%20Allowances%20%7C%20Spotmarkt; Abrufdatum 02.10.2009).

[161] Im Zuge der Finanzmarktkrise und der negativen Performance des gesamten CO_2-Marktes, und damit verbunden, auch des DWS CO_2 Opportunities Fund haben massive Abzüge von Kundengeldern das Fondsvermögen per 30.04.2009 auf knapp 2,1 Millionen Euro schrumpfen lassen. (DWS 2009: 1 f.). Nach Aussage des Fondmanagements der Aquila Capital Concepts GmbH führten diese Tatsache, Kostenüberlegungen und interne Umstrukturierungen dazu, dass der Fonds im Juli 2009 aufgelöst wurde. Um die Aussagekraft dieser Fondsschließung auf die Attraktivität des CO_2-Marktes als Anlageklasse zu relativieren, ist zu erwähnen, dass von April 2008 bis April 2009 weltweit 213 Investmentfonds aller Anlageklassen geschlossen wurden (Hiller von Gaertringen 2009: 19).

[162] ISIN: CH0030157801

beschreitet die ETF Securities Ltd mit dem Angebot eines Exchange Traded Commodity (ETC) mit dem Namen ETFS Carbon[163]. Dieser ETC hat als Anlagebasis die an der European Climate Exchange gehandelten "ICE ECX EUA Future Kontrakte", die die Preisentwicklung der EUA Futures abbilden (ETF Securities 2009: 1 f.). Zu den rein privatwirtschaftlichen Angeboten an CO_2-Anlageprodukten kommen noch solche von staatlichen und supranationalen Organisationen[164] hinzu. So hat beispielsweise in Deutschland die Kreditanstalt für Wiederaufbau im Jahr 2004 einen sogenannten Klimaschutzfonds bzw. Carbon Fund aufgelegt, bei dem mit der Investitionssumme Klimaschutzprojekte finanziert werden. Dabei verkauft der Fonds die generierten Emissionsminderungsgutschriften aber nicht am Markt und schüttet die Verkaufserlöse an die Anteilseigner aus, sondern er leitet die Zertifikate anteilsmäßig, d.h. gemäß der getätigten Einlage an die Anleger weiter[165]. Durch diese Vorgehensweise richtet sich der Fonds in erster Linie an kleinere bis mittlere Unternehmen, die selbst keine KP-Klimaschutzprojekte aus Kostengründen oder organisatorischen Gründen durchführen können oder wollen. Gegenwärtig sind weltweit rund 12,5 Milliarden US-Dollar in solchen oder ähnlichen Carbon Funds investiert (Barclays Capital 2008: 5; UBW 2005: 39; Lucht / Spangardt 2005: 121 f.).

Die Finanzindustrie[166] übernimmt mit der Entwicklung von CO_2-Anlageprodukten eine wichtige Aufgabe. Denn durch den vermehrten Kapitalzufluss in den CO_2-Markt wird eine hohe Marktliquidität garantiert und somit ein maßgeblicher Faktor für den reibungslosen Handel mit Emissionszertifikaten erfüllt. Auch das größer werdende Interesse von privater Seite nach zusätzlichen Klimaschutzmaßnahmen wird durch die Finanzindustrie und spezialisierte Dienstleister unterstützt. In diesem Zusammenhang werden Produkte für den Voluntary Market konzipiert oder es erfolgt eine Unterstützung beim Erwerb und anschließender Löschung von Emissionszertifikaten. Dabei liegt die Motivation der Investoren bei der Inanspruchnahme der letztgenann-

---

[163] ISIN: JE00B3CG6315
[164] Eine Übersicht über einige staatliche und supranationale Klimaschutzfonds befindet sich in UBW 2005: 39
[165] Die Investoren schließen einen Geschäftsbesorgungsvertrag mit der KfW ab, bei dem sie sich verpflichten Emissionsminderungsgutschriften bis zu einem bestimmten Maximalbetrag, der KfW abzukaufen (UBW 2005: 39).
[166] An dieser Stelle müssten der Vollständigkeit halber auch staatliche und supranationale Organisationen erwähnt werden, die beispielsweise die zuvor beschriebenen Carbon Funds oder ähnliche CO_2-Anlageprodukte anbieten. Allerdings wird in diesem Abschnitt bewusst darauf verzichtet, da solche Organisationen im Gegensatz zu der privatwirtschaftlichen Finanzindustrie stark bzw. vollständig vom politischen Willen abhängen und somit nicht die "reinen" Finanzmarktkräfte repräsentieren.

ten Dienstleistung in dem Bestreben, das Angebot an Emissionszertifikaten zu verknappen. Dadurch erhöht sich theoretisch der Preis für Emissionszertifikate und dies macht Maßnahmen zur Emissionsreduktion für am Emissionshandel verpflichtete Anlagenbetreiber attraktiver. Anerkannte Finanzexperten[167] sind der Meinung, dass Kapitalanleger in der Zukunft sehr stark an dem Anlagethema "Klimawandel"[168] interessiert sein werden. Dabei bleibt abzuwarten, welchen Platz der CO_2-Markt einnimmt. Da sich aber das gesamte Anlageuniversum rund um den "Klimawandel" stetig und immer schneller erweitert[169], ist auch von einem positiven Effekt für die Anlageklasse CO_2 auszugehen (Fichtner 2005: 25 f.; Barclays Capital 2008: 5f.; [170]).

---

[167] (http://www.co2-handel.de/article343_10065.html; Abrufdatum 21.09.2009; World Bank 2008: 64 f.)
[168] Hierunter fallen alle Kapitalanlagemöglichkeiten, die etwas mit dem Thema "Klimawandel" zu tun haben. Beispielsweise sind dies Investmentfonds, die in Unternehmen der Branche Erneuerbare Energien investieren.
[169] Mit Stand November 2007 haben allein Publikumsfonds mit dem Anlagespektrum "Klimawandel" rund 66 Milliarden USD verwaltet (http://www.db.com/presse/en/content/druckversion.htm; Abrufdatum 21.09.2009).
[170] (http://www.db.com/presse/en/content/druckversion.htm; Abrufdatum 21.09.2009)

Literaturverzeichnis

ABN AMRO Bank N.V. (ABN AMRO) (Hrsg., 2008): Factsheet, Open End Certificate on Carbon (CO_2) credits in EUR; Zürich

Adam, Michael / Hentschke, Helmar / Kopp-Assenmacher, Stefan (2006): Handbuch des Emissionshandelsrechts; Berlin, Heidelberg, New York: Springer Verlag

Ahlheim, Michael / Stephan, Gunther (1996): Ökonomische Ökologie; Berlin, Heidelberg, New York: Springer Verlag

AllianceBernstein L.P. (Hrsg., 2008): Abating Climate Change: What Will Be Done and the Consequences for Investors; Singapur

Aquila Capital Advisors GmbH (Aquila Capital) (Hrsg., 2008): Makroausblick Strom und CO2-Zertifikate ... wenn die Nacht am schwärzesten ist; Hamburg

Aquila Capital Structured Assets GmbH (Aquila Capital) (Hrsg., 2006): Verkaufsprospekt Klimaschutzfonds - KlimaschutzInvest; Hamburg

Barclays Capital (Hrsg., 2008): Barclays Capital Global Carbon Index Guide; London

Baumann, Sonja (2006): Die Markteinführung des Emissionshandels in Deutschland; Tübingen: Geowissenschaftliche Fakultät der Universität Tübingen; http://deposit.d-nb.de/cgi-bin/dokserv?idn=984260730&dok_var=d1&dok_ext=pdf&filename=984260730.pdf; Abrufdatum 22.08.2009

Betz, Regina (2003): Emissionshandel zur Bekämpfung des Treibhauseffektes; Stuttgart: Fraunhofer IRB Verlag

Binder, Klaus G. (1999): Grundzüge der Umweltökonomik; München: Verlag Franz Vahlen GmbH

Bofinger, Peter (2007): Grundzüge der Volkswirtschaftslehre; 2. Auflage; München: Pearson Studium

Brümmerhoff, Dieter (2007): Finanzwissenschaft; 9. Auflage; München: Oldenbourg Wissenschaftsverlag GmbH

Brümmerhoff, Dieter (2001): Finanzwissenschaft; 8. Auflage; München: Oldenbourg Wissenschaftsverlag GmbH

Bundesamt für Umwelt BAFU, Sektion Klima (BAFU) (Hrsg., 2007): Emissionsgutschriften, Anrechenbarkeit, Handelbarkeit; Bern; http://www.bafu.admin.ch/emissionshandel/05564/05565/index.html; Abrufdatum 03.09.2009

Bundesministerium für Umwelt, Naturschutz und Reaktorsicherheit (BMU) (Hrsg., 2009a): Veräußerung von Emissionsberechtigungen in Deutschland, Monatsberichte 2009; http://www.bmu.de/emissionshandel/downloads/doc/43056.php; Abrufdatum 22.08.2009

Bundesministerium für Umwelt, Naturschutz und Reaktorsicherheit (BMU) (Hrsg., 2009b): Veräußerung von Emissionsberechtigungen in Deutschland, Jahresbericht 2008; http://www.bmu.de/emissionshandel/downloads/doc/40928.php; Abrufdatum 11.08.2009

Bundesministerium für Umwelt, Naturschutz und Reaktorsicherheit (BMU) (Hrsg., 2008): Emissionshandel, Mehr Klimaschutz durch Wettbewerb; 3. Auflage; Berlin

Bundesministerium für Umwelt, Naturschutz und Reaktorsicherheit (BMU) (Hrsg., 2006): Die Projektbasierten Mechanismen CDM & JI; 2. Auflage; Berlin

Cortekar, Jörg / Jasper, Jörg / Sundmacher, Torsten (2006): Die Umwelt in der Geschichte des ökonomischen Denkens; Marburg: Metropolis Verlag für Ökonomie, Gesellschaft und Politik GmbH

Deutsche Bank AG (Hrsg., 2008): Carbon Emissions, It Takes CO2 to Contango; London

Deutsche Emissionshandelsstelle im Umweltbundesamt (DEHST) (Hrsg., 2009): Emissionshandel: Auswertung der ersten Handelsperiode 2005-2007; Berlin

Deutsche Emissionshandelsstelle im Umweltbundesamt (DEHST) (Hrsg., 2008a): Hinweise zum Anwendungsbereich des Treibhausgasemissionshandelsgesetzes - TEHG - Für die Zuteilungsperiode 2008-2012; Berlin

Deutsche Emissionshandelsstelle im Umweltbundesamt (DEHST) (Hrsg., 2008b): Kriterien zur Beurteilung von Angeboten zur Freiwilligen Kompensation von Treibhausgasemissionen; Berlin

Deutsche Emissionshandelsstelle im Umweltbundesamt (DEHST) (Hrsg., 2008c): Leitfaden zur Freiwilligen Kompensation von Treibhausgasemmissionen; Berlin

Deutsche Emissionshandelsstelle im Umweltbundesamt (DEHST) (Hrsg., 2008d): Carbon Leakage, Die Verlagerung von Produktion und Emissionen als Herausforderung für den Emissionshandel?; Berlin

Deutsche Emissionshandelsstelle im Umweltbundesamt (DEHST) (Hrsg., 2008e): Clean Development Mechanism (CDM) – wirksamer internationaler Klimaschutz oder globale Mogelpackung?; Berlin

Deutsche Emissionshandelsstelle im Umweltbundesamt (DEHST) (Hrsg., 2008f): Emissionshandel: Die Zuteilung von Emissionsberechtigungen in der Handelsperiode 2008–2012; Berlin

Dresdner Bank AG (Dresdner Bank) (Hrsg., 2007): Termsheet, Dresdner Classic Turbo Knock Outs auf EU CO_2 Emissionsrechte Future; Frankfurt am Main

DWS Investment GmbH (DWS) (Hrsg., 2009): Factsheet April 2009, DWS CO_2 Opportunities Fund; Frankfurt

DWS Investment GmbH (DWS) (Hrsg., 2008): DWS CO_2 Opportunities Fund, Erster Publikumsfonds für CO_2; Frankfurt

DWS Investment S.A. (DWS S.A.) (Hrsg., 2009): DWS CO_2 Opportunities Fund, Ungeprüfter Zwischenbericht 2008; Luxemburg

DWS Investment S.A. (DWS S.A.) (Hrsg., 2008): Verkaufsprospekt und Verwaltungsreglement, DWS CO_2 Opportunities Fund; Luxemburg

Endres, Alfred (2007): Umweltökonomie; 3. Auflage; Stuttgart: Verlag W. Kohlhammer GmbH & Co.KG

Erdmann, Georg / Zweifel, Peter (2008): Energieökonomik; Berlin, Heidelberg: Springer Verlag

Erling, Uwe (2008): Emissionshandel; Berlin, Wien, Zürich: Beuth Verlag GmbH

ETF Securities Ltd (ETF Securities) (Hrsg., 2009): Factsheet, ETFS Carbon; London

Europäische Kommission (Hrsg., 2008): Bekämpfung des Klimawandels, Europa in der Vorreiterrolle; Brüssel

European Union (Hrsg., 2008): Questions and Answers on the directive on the geological storage of carbon dioxide; http://europa.eu/rapid/pressReleasesAction.do?reference=MEMO/08/798; Abrufdatum 12.08.2009

Farmer, Karl / Stadler, Ingeborg (2005): Marktdynamik und Umweltpolitik; Wien: LIT Verlag

Fees, Eberhard (2007): Umweltökonomie und Umweltpolitik; 3. Auflage; München: Verlag Franz Vahlen

Fichtner, Wolf (2005): Emissionsrechte, Energie und Produktion; Berlin: Erich Schmidt Verlag GmbH & Co.

Fuhr, Thomas / Zenke, Ines (2006): Handel mit CO2-Zertifikaten; München: Verlag C.H.Beck oHG

Gabriel, Sigmar (2008): Die Krise überwinden; in: Frankfurter Allgemeine Zeitung; Nr. 285 (2008); Seite B3

Grunwald, Armin / Kopfmüller, Jürgen (2006): Nachhaltigkeit; Frankfurt a.M.: Campus Verlag GmbH

Hermeier, Axel (2007): Umweltmanagement und Emissionsrechtehandel; München, Mering: Rainer Hampp Verlag

Hiller von Gaertringen, Christian (2009): Fondsmoden schaden den Anlegern; in: Frankfurter Allgemeine Zeitung; Nr. 218 (2009); Seite 19

Himmer, Richard-E. (2005): Energiezertifikate in den Mitgliedstaaten der Europäischen Union; Baden-Baden: Nomos Verlagsgesellschaft

Hohlstein, Michael / Pflugmann-Hohlstein, Barbara / Sperber, Herbert / Sprink, Joachim (2003): Lexikon der Volkswirtschaft; 2. Auflage; München: Deutscher Taschenbuch Verlag GmbH & Co.KG

Hopf, Rainer / Voigt, Ulrich (2004): Verkehr Energieverbrauch Nachhaltigkeit; Heidelberg: Physica-Verlag

IPCC (Hrsg., 2007): Zusammenfassung für politische Entscheidungsträger; In: Klimaänderung 2007: Wissenschaftliche Grundlagen, Beitrag der Arbeitsgruppe I zum Vierten Sachstandsbericht des Zwischenstaatlichen Ausschusses für Klimaänderung; Cambridge, New York: Cambridge University Press; Deutsche Übersetzung durch ProClim-, österreichisches Umweltbundesamt; Bern,Wien,Berlin: deutsche IPCC-Koordinationsstelle

Janssen, Friedrich (2006): Emissionsberechtigungen in der Rechnungslegung nach HGB und IFRS; Norderstedt: Books on Demand GmbH

John, Klaus / Rübbelke, Dirk (Hrsg., 2005): Klimapolitik in einer erweiterten Europäischen Union; Aachen: Shaker Verlag

Kirchgässner, Gebhard (2000): Homo Oeconomicus; 2. Auflage; Tübingen: Mohr Siebeck

Lucht, Michael / Spangardt, Gordon (Hrsg., 2005): Emissionshandel; Berlin, Heidelberg, New York: Springer Verlag

Lueg, Barbara (2007): Emissionshandel als eines der flexiblen Instrumente des Kyoto-Protokolls. Wirkungsweisen und praktische Ausgestaltung am Beispiel der Europäischen Union; in: Berichte aus dem Weltwirtschaftlichen Colloquium der Universität Bremen; Ausgabe 103; http://www.iwim.uni-bremen.de/publikationen/pdf/b103.pdf; Abrufdatum: 22.08.09

Münchener Rückversicherungs-Gesellschaft (Münchener Rück) (Hrsg., 2008): Topics Geo Naturkatastrophen 2007, Analysen, Bewertungen, Positionen; München

Mussel, Gerhard / Pätzold, Jürgen (1996): Umweltpolitik; Sternenfels, Berlin: Verlag Wissenschaft & Praxis Dr. Brauner GmbH

Point Carbon (Hrsg., 2009): Carbon 2009 - Emission trading coming home; Oslo

Point Carbon (Hrsg., 2008): Carbon 2008 - Post-2012 is now; Oslo

Reiche, Danyel (Hrsg., 2005): Grundlagen der Energiepolitik; Frankfurt a.M.: Peter Lang GmbH Europäischer Verlag der Wissenschaften

Schneider, Gerhard (Hrsg., 2005): Kyoto - Utopie oder Programm?; Zürich, Chur: Verlag Rüegger
Schröder, Meinhard u.a. (Hrsg., 2002): Klimavorhersage und Klimavorsorge; Berlin, Heidelberg, New York: Springer Verlag

Schwarze, Reimund (2008): Scheitern an der Finanzkrise?; in: Frankfurter Allgemeine Zeitung; Nr. 285 (2008); Seite B5

Sieg, Gernot (2007): Volkswirtschaftslehre; München: Oldenbourg Wissenschaftsverlag GmbH

Sinn, Hans-Werner (2008): Das Grüne Paradoxon; Berlin: Econ Verlag

Smajgl, Alexander (2001): Modellierung von Klimaschutzpolitik; Münster, Hamburg, London: LIT Verlag

Umweltministerium Baden-Württemberg (UBW) (Hrsg., 2005): Flexible Instrumente im Klimaschutz; Stuttgart

United Nations Framework Convention on Climate Change (UNFCCC): http://unfccc.int/2860.php

Wagner, Michael (2007): CO2-Emissionszertifikate – Preismodellierung und Derivatebewertung; Karlsruhe: Universitätsverlag Karlsruhe

Weimann, Joachim (1995): Umweltökonomik, Eine theorieorientierte Einführung; 3. Auflage; Berlin, Heidelberg: Springer Verlag

Wicke, Lutz (2005): Beyond Kyoto - A New Global Climate Certificate System; Berlin, Heidelberg: Springer Verlag

Wiesmeth, Hans (2003): Umweltökonomie, Theorie und Praxis im Gleichgewicht; Berlin, Heidelberg: Springer Verlag

Wigger, Berthold (2006): Grundzüge der Finanzwissenschaft; 2. Auflage; Berlin, Heidelberg: Springer Verlag

World Bank (Hrsg., 2009): State and Trends of the Carbon Market 2009; Washington, D.C.

World Bank (Hrsg., 2008): State and Trends of the Carbon Market 2008; Washington, D.C.

Stichwortverzeichnis

Annex B-Staaten 45
Annex II-Staaten 44
Annex I-Staaten 44
Assigned Amount 46, 71, 72, 73, 84
Auflagen 13, 14, 15, 16, 29, 68
Ausschließbarkeit vom Konsum 5
Baseline and Credit 36, 48, 73
Benchmarkansatz 34
Bubble 46, 58
Burden Sharing Agreement 58
Cap and Trade-System 34, 36, 54
CDM primary market 75
CDM secondary market 75
Clean Development Mechanism 48
CO_2-Markt 54, 77, 82, 128, 129, 131, 132
Compliance Market 73, 74, 129
Derivate 79
Downstream-Ansatz 61
Dynamische Ineffizienz 16, 21
Early Action 32
Eigentumsrecht 7, 23, 24
Emissionsbudget 36, 46, 48, 49
Freie Güter 5
Grandfathering 31, 32, 66
Gratisverteilung 31, 34
Grünbuch der EU 56
Hot Air 31, 47
Informationsasymmetrie 21
Internationaler Handel mit Emissionsrechten 48
Joint Implementation 48

Knappe Güter 5, 7
Kosteneffizienz 12
Leakage-Effekt 41, 42
Makroplan 65
Marktwirtschaftliche Instrumente 18
Mengenmethode 24, 25
Mikroplan 65
Nationale Ausgleichsprojekte 60
Nationaler Allokationsplan 60, 65
Non-Annex I-Staaten 44
Nutznießerprinzip 23
Ökologischer Zielerreichungsgrad ... 12
Opt-in 58, 63
Opt-out 63
Ordnungsrechtliche Instrumente 13
Pareto-effiziente Allokation ... 7, 12, 21, 25
Pigou-Steuer 19, 21
Pooling 30, 64
Preismechanismus 7
Preismethode 18, 24
Projektbasierte Mechanismen 49
Rivalität im Konsum 5
Senkenprojekte 49
Soziale Grenzkosten 9
Umweltgüter 5, 10, 12, 22, 23
Upstream-Ansatz 61
Verfügbarkeit 5
Versteigerung 26, 31, 32, 33, 66
Verursacherprinzip 12, 22, 61
Voluntary Market .. 73, 74, 82, 128, 129, 132

Ich stelle mich Ihnen vor…

Tommy Piemonte

Geburtsjahr: 1979
Geburtsort: Villingen-Schwenningen

Diplom Volkswirt (FH)

Hochschule für Wirtschaft und Umwelt
Nürtingen-Geislingen

Università degli Studi di Roma Tor Vergata (Italien)